나무에 깃드는

낙엽처럼

나무에 깃드는 낙엽처럼

초판 발행일 2017년 11월 10일

지은이 김명숙
발행인 김미희
펴낸이 몽트

출판등록 2012.12.20 제 2014-0000-38호

주소 안산시 단원구 선부광장북로 36
전화 031-501-2322 팩스 031-501-2321
메일 memento33@hanmail.net

값12,000원
ISBN 978-89-6989-027-6 03810

이 책은 안산시 문예진흥기금을 수혜받았습니다.

나무에 깃드는
낙엽처럼

김명숙 지음

몽트

서문

시골에 가면 마을 어귀마다 서 있는 고목이나 느티나무처럼 나를 보는 사람들이 편안함을 느낄 수 있는, 기대고 싶은 마음이 드는 편안한 사람으로 나이 들고 싶다.

세상에서 가장 사랑하는 두 남자 효섭, 민섭에게 옆에 있어줘서 고맙다는 말을 전하며

2017년 가을

PART 1

PART 2

PART 3

PART 4

PART 1

짙은 라일락향이 코끝을 간질이고 자목련이 유혹하는 4월이다. 황사가 뒷걸음치고, 햇살도 마음껏 기지개를 펴며 자꾸만 밖으로 나오라 유혹하는 계절.

10

빨래하고 싶은 날

짙은 라일락향이 코끝을 간질이고 자목련이 유혹하는 4월이다. 황사가 뒷걸음치고, 햇살도 마음껏 기지개를 펴며 자꾸만 밖으로 나오라 유혹하는 계절. 깨질 듯 따가운 햇살을 보면 빨래가 하고 싶다. 긴 장마 끝이 아니라도 밝은 햇살만 보면 뭔가를 말리고 싶은 충동이 슬며시 고개를 든다.

누군가와 말다툼을 하거나, 마음이 힘들 땐 빨래를 한다. 모두 잠든 시간에 다른 사람에게 피해를 줄 수도 있다는 생각은 하지민 오로지 내 자신을 다스리기 위해 빨래를 한다. 하다보면 무거운 마음도 가벼워지고, 깨끗해진 빨래를 탁탁 털어 건조대에 널다보면 내 마음도 세탁이 된 걸까, 뿌연 마음이 말갛게 변함을 느낀다.

사람은 누구나 자신도 모르는 버릇을 한 가지씩 지니고 산다. 그 중에는 나쁜 버릇도 있고 좋은 버릇도 있다. 나는 화가 나거나 기분이 우울할 때 시간에 상관없이 빨래를 한다. 얼마나 실속 있고, 알뜰한 버릇이냐고 부러워하는 사람도 있지만 꼭 그렇지도 않다. 남들 다 자는 새벽이나 한밤중 베란다에 쪼그리고 앉아 빨래를 하다하면 서글퍼지기도 한다. 내 자신도 잘 알고 있음에도 고쳐지지가 않으니 버릇이란 참 고약한 것 같다.

내가 일주일에 한 번씩 만나 글쓰기를 하는 아이들과 '딱지, 딱지, 코딱지' 책을 읽고 수업을 한 적이 있다. 책 내용이 버릇에 관한 이야기였는데 주인공 강기쁨이 코딱지를 파먹는 이야기다. 책에서 주는 교훈은 사람마다 자신도 모르는 버릇이 있는데 남에게 피해를 주지 않는 버릇을 가지고 그 사람을 놀리는 행동을 하거나 괴롭히는 것은 옳지 않다는 것을 가르치고 있다.

또 '도깨비를 빨아버린 엄마'라는 동화에서는 빨래를 좋아하는 엄마가 어느 날 지저분한 도깨비를 깨끗하게 빨아준다. 깨끗해져 도깨비나라로 돌아가자 많은 도깨비들이 엄마에게 찾아와 자신들도 빨아달라고 부탁을 한다. 빨래하는 것을 좋아해 지저분한 도깨비까지 빨아버린 엄마는 남에게 피해를 주지 않는 버릇으로 아이들에게 청결함을 가르친다.

두 권의 책을 읽고 아이들과 버릇에 대한 이야기를 나누었는데, '내 버릇은 과연 남에게 피해를 주지 않은 것일까?' 하고 생각하게 되었다. 속상하거나, 일이 잘 풀리지 않을 때, 또는 햇볕이 좋은 날에는 병적으로 빨래를 하고 싶다는 충동이 이는 것을 생각하며 혼자 웃었다. 집집마다 세탁기가 있는데 빨래를 누가 버릇으로 하나 하며 웃어넘기기엔 좀 고약한 버릇이다.

학창시절 작가 이외수의 자전적 에세이 중 부인을 만나 결혼을 하게 된 '한 다발의 시린 사랑 얘기'를 읽었다. 작가 이외수는 짝사랑하던 여자의 호감을 얻어 어느 날 여자 집엘 가기로 하였는데 급한 일로 인하여 두 시간 반이나 지나서야 약속 장소에 도착했다. 그때 그녀는 말없이 집으로 데려가 남동생 옷으로 갈아입기를 권하고, 수건과 비누를 주며 강에 가서 깨끗이 씻고 오라고 했다. 얼떨결에 떠밀린 그가 강에서 씻고 오니, 그녀는 그의 더러운 옷을 빨아 빨랫줄에 널어놓았다. 그 순간 이외수는 영원히 빨래가 되어 평생을 그녀에게 세탁되어지기로 결심해 결혼했다고 한다.

사춘기 때 그 글은 감동으로 다가왔다. 혹 그 감동이 내 버릇을 생기게 한 계기가 된 것은 아닐까싶다.

식구들의 옷을 세탁기가 아닌 손빨래를 할 때가 있다. 그러다 보면 남편과 아이들에 대한 사랑이 더 깊어지는 것을 느낀다. 더러워진 남편의 와이셔츠를 세탁하다보면 하루 종일 회사에서 고생했을 생각에 서운했던 감정들이나 미운 감정이 측은함과 고마움으로 바뀐다. 또 남편과 아이들의 땀 냄새가 역겨움이 아닌 정겨움으로 다가온다. 남편과 아이들은 엄마가 빨래를 너무 자주 삶아 런닝이나 양말 발목이 늘어져 싫다고 하지만 난 빨래 삶는 것이 좋고, 빨래를 하며 마음 다스리는 것이 좋다.

때때로 내 자신이 밉고 힘들 때 나도 빨래가 되고 싶어진다. 더러워진 빨래가 푹푹 삶아져 뽀얗게 변하듯 내 자신도 푹푹 삶아 말갛게 헹구어 햇볕 짱짱한 날 빨래 줄에 널어 말리고 싶다. 님편이 미울 때, 아이들이 미울 땐 예전 어머니들이 빨래터에 앉아 방망이로 두들겨 빨 듯, 미움 가득 찬 내 마음도 두들겨 빨고 싶다.

볕이 좋은 날, 난 자꾸 빨래가 하고 싶다. 깨끗하게 세탁된 빨래처럼 내 자신을 말갛게 빨아 따가운 햇살에 말리고 싶다. (2002)

아이들과 글쓰기를 하며

새 학년이나 새 학기가 시작되면 학부모들이 어떻게, 무엇을 가르쳐야 할까 고민을 하게 된다. 그중에서도 7차 교육과정과 대학입시에 논술이 도입된 후 언어 영역과 글쓰기에 관심이 높다. 하지만 어머니들의 한결 같은 말은 수학, 영어 전문교사는 많지만 국문학을 전공하고 글을 쓰며 글쓰기를 지도하는 선생님은 찾기 힘들다는 것이다. 공감이 가는 이야기다.

우리는 국어나 글쓰기를 우리말이라는 선입관 때문에 쉽

게 생각하고 무시하는 경향이 많다. 우리 글, 우리말이니 만큼 따로 공부를 하지 않아도 당연히 잘하리라 생각한다, 또 영어를 못하면 부끄러워하면서도 우리말에 맞춤법이 틀리거나 띄어쓰기를 틀리는 경우엔 부끄러워하지 않는다, 그래도 지금은 사람들의 인식이 바뀌어 글쓰기에 예전보다 많은 관심을 갖고 있기는 하다. 하지만 아직도 주위에는 영어 과외나 피아노 학원을 몇 년씩 다니는 것처럼 시간을 투자하여 글쓰기 공부를 하는 학생들은 적다. 또 글쓰기를 배우면 금방 글을 잘 써서 전문가가 되는 줄 알고 있다. 이런 선입관들이 아이들에게 글쓰기를 싫어하게 만들고 부담을 준다.

책 읽는 것이 좋고, 글 쓰는 것이 좋아 아이들에게 논술을 가르치는 일을 하게 되었다. 내 소원은 어릴 적부터 책과 가까이 지내고 내 주변사람들의 살아가는 이야기를 글로 쓰는 것이었다. 그 소원이 내가 아이들과 만나 글쓰기를 지도하는 직업을 갖게 했는지도 모른다. 방과 후 학습이라 늦게 끝나고 여러 집을 방문해야 한다는 어려움이 있지만 그만큼 아이들과 함께 책을 읽고 글을 쓰는 것이 행복하다.

초등학생 일기 지도부터 중학생들의 논술 지도, 고등학생들의 자기소개서 작성과 대입논술지도가 내가 하는 일이다, 함께 읽은 책의 감동을 아이들과 함께 토론하고 글로 표현하게 도움을 줄 수 있다는 것이 이 일의 즐거움이다.

대부분의 부모들은 자신들은 텔레비전 앞에 앉아 있으면서 아이들에게 책 읽기를 강요한다. 뿐만 아니라 자신들은 한 줄의 글도 쓰지 않으면서 아이들에게 매일 일기쓰기를 바란다. 요즘 아이들은 너무 바쁘다. 학습지와 학원을 합치면 보통 네 개정도는 하고, 다니고 있다. 이런 아이들에게 매일 일기쓰기와 책 읽고 독후감 쓰기는 무리한 요구라 생각된다. 오히려 이런 강요가 책 읽기와 일기쓰기에 대한 거부감을 갖게 한다. 아이가 자연스럽게 할 수 있는 분위기가 중요한데 부모들은 그 점을 모르는 것 같아 안타깝다.

요즘은 집집마다 많은 책을 구비하고 있지만 아이들은 책을 읽지도 않고 소중하게 여기지도 않는다. 이는 책에 대해 부모님들이 먼저 읽는 모습이나 소중하게 생각하는 행동을 보여주지 않았기 때문이라 생각된다.

어린 시절을 면 소재 초등학교에 다닌 나는 도서관과 서점이 없는 곳에서 자랐다. 그래서 늘 책에 대한 갈증을 느껴야 했다. 동네에 어쩌다 오는 리어카 동화책 행상 아저씨나, 장에 가실 때 어머니가 사다 주던 동화책과 어린이 잡지가 전부였다. 지금 생각해보면 책을 리어카 행상에게 산 것이 질도 떨어지고 내용도 엉성했지만 그때 내겐 책 읽기의 즐거움을 가르쳐 준 것 같다. 어린 시절 이런 책에 대한 갈증이 내게 책 읽기의 소중함과 애틋함을 갖게 한 것 같다.

그때의 기억 때문인지 지금껏 책과 가깝게 지내고, 글쓰기를 지도하는 일을 직업으로 하고 있는 것을 보면 어렸을 적 어머니의 실천이 아이들에게 많은 영향을 준다는 것을 깨닫게 한다. 지금 내가 하는 일에 욕심을 부린다면 나와 만나 글쓰기 공부를 하는 아이들이 학교 수행평가나 숙제 때문이 아니라 자신을 표현하는 글을 쓰길 바란다.

언제가 수업 시간에 고등학생이
"수학을 포기하는 것은 대학을 포기하는 것이고,
영어를 포기하는 것은 취업을 포기하는 것이고,
책 읽기를 포기하는 것은 인생을 포기하는 것" 이라는 말을 들었다며, 앞으로 책을 열심히 읽어야겠다고 내게 약속했다. 부디 그 약속을 지킬 수 있길 응원해야겠다. 욕심을 부린다면 다양한 분야의 책을 읽어서 더 넓은 세상과 만날 수 있기를 바란다. 그런 책 읽기가 결국엔 글쓰기의 밑바탕이 되어 자신의 생각을 글로 더 잘 표현할 수 있으리라 믿는다.

책 읽는 즐거움은 마치 파도에 닳아 둥글둥글해진 자갈처럼 우리 정신을 맑게 하고, 삶을 향기 나게 하는 세상에서 가장 값지고 향이 좋은 향수라 생각한다. 이 가을엔 나와 함께 하는 아이들이 가슴속에 둥글둥글 해진 조약돌을 하나씩 품으며 생활하기를 소망해 본다. 또 책 속에서 우리보다 앞서 사신 많은 이들을 만나 그들의 이야기에 귀 기울이기를.......

(2003)

마음 밭 가꾸기

살다보면 화가 나는 일도, 화 낼 일도 많다. 그때 마다 화를 내며 상대방과 다투었다면 아마도 난 싸움꾼이 되었을 것이다. 그러다 보니 스스로 마음을 다스리고, 다독이는 일을 하게 된다.

처음엔 타인에게나 내 자신에게 화가 날 때 글(일기)을 썼다. 말로는 할 수 없는 속상함을 글로 풀어내다 보면 마음이 진정되었다. 그 다음은 육체노동으로 몸을 혹사하는 일이다.

밀린 대청소를 하던가, 밀린 빨래를 손빨래로 하거나, 산을 오르다 보면 미움도 걱정도 흘리는 땀과 함께 사라져 버리곤 한다.

하지만 요즘은 몸이 아파 산행을 하기도 힘들다. 그래서 선택한 일이 화초를 키우고 옥상에 텃밭을 가꾸는 일이다. 잘 사용하지 않는 플라스틱 박스와 김치 통에 구멍을 뚫어 채송화, 봉숭아, 과꽃 씨를 뿌리고 고추와 상추, 부추, 호박 모종도 심었다. 아침마다 물을 주며 하루가 다르게 자라는 꽃들과 채소 모종 떡잎을 따주며 말을 걸다보면 화난 마음도, 걱정도 멀리 달아나 버린다. 걱정이라면 집을 비울 때 혹을 물을 제때 주지 못해 죽지나 않을까 하는. 그래도 꽃과 옥상 텃밭에 심은 채소들이 내게 주는 행복에 비하면 내 수고는 아주 작은 것 같아 고맙다. 또 내가 키운 채소들로 식탁을 차릴 생각에 무거운 물통도 가볍게 느껴진다.

어린 시절 농사일로 바쁜 어머니께서 꽃밭을 가꾸는 게 이해가 되질 않았다. '농사일과 집안일도 바쁜데 집밖에 들꽃들이 많은데 꽃밭은 왜 가꾸실까?' 하는 생각과 함께.

하지만 나도 이제 엄마 나이가 되어, 텃밭을 가꾸고 꽃을 키워보니 엄마가 왜 그때 바쁜 시간을 쪼개어 꽃밭 가꾸기를 열심히 하셨는지 알 것 같다. 그러고 보면 마음을 다스리는 데는 텃밭 가꾸기와, 꽃밭 가꾸기가 최고인 것 같다. 아마도 생명을 가꾸는 일이기 때문인 것은 아닌가 한다.

아침에 눈을 뜨자마자 꽃을 들여다보고 옥상에 올라가는 나를 보며 작은 아들이

"엄마! 저에게도 관심 좀 가져주세요. 말 못하는 애들만 좋아하지 말고."

아들은 모른다. 내가 가꾸는 화초와 채소들이 내게 얼마나 많은 이야기를 하고 있는지. 모르겠지 넌. 한 번도 귀 기울여

들어보지도 시간을 내어 자세히 바라봐 주지도 않았으니. 또 그들이 삭막했던 옥상에 얼마나 많은 곤충들과 새들을 불러오는지.

"그런데 아들! 넌 모르지 엄마가 가꾸는 화초와 채소들은 엄마에게 불평불만도 용돈 올려달라는 소리도 하지 않는단다."

살아가면서 우리는 자신의 외모를 가꾸고, 몸을 만드는 데 많은 시간과 돈을 투자한다. 하지만 정작 마음을 가꾸는 데는 인색하다. 사는 데 우리에게 더 필요한 것은 반듯한 외모보다 건강한 마음인 것을 잘 모르고 산다. 마음이 힘들고 피폐하면 외모도 망가짐을 깨닫지 못한다. 작지만 옥상에 꽃을 키우고, 텃밭을 일궈 가꾸면서 많은 것을 배운다. 내가 키우는 화초와 채소들이 내게 많은 것을 가르쳐 주는 것 같다. 주변이 모두 콘크리트 건물 들 뿐이라 그런지 얼마 되지 않는 화초와 채소들 때문인지 물을 주러 옥상에 올라가면 고추

잠자리와 나비들이 놀고 있다. 내가 잡초를 뽑느라 쪼그리고 앉아 있어도 도망도 가지 않고 꽃에서 떨어질 줄 모르고 벌들은 열심히 할 일을 한다. 내가 게을러서인지 아님 무지해서인지 상추와 쑥갓, 쌈 채소들은 벌써 꽃대가 올라와 화초를 심은 건지, 채소를 심은 건지 정체성을 잃어가고 있다.

마음이 흐리면 옥상에 올라 그들에게 말을 걸고, 좁은 옥상 텃밭을 놀이터라고 찾아와준 잠자리와 나비, 벌들을 보며 위안을 받는다. 남들이 "플라스틱 화분 몇 개 갖다놓고 텃밭이 뭐냐"고 웃을지도 모르지만 내 눈에 엄청 큰 텃밭으로 보인다. 난 지금 몇 만평이나 되는 남들 눈엔 보이지 않는 마음 밭을 가꾸고 있기 때문이다.

요즘 도심에선 옥상에 정원 만들기가 유행이라는 기사를 신문에서 본적이 있다. 정부에서도 적극 권장하고 있다고 하고, 옥상에 정원을 만들면 체감온도도 줄일 수 있고, 옥상에 녹색식물이 있으면 건물의 냉·난방비도 절감된다고 하니 좋은 일인 것 같다. 어디 그뿐이랴, 건물에서 일하는 사람들의 쉼터도 되고 도심 미관도 좋아질 테고. 그러고 보면 옥상에 텃밭이나 정원을 만드는 일은 정신적으로나 경제적으로나 좋은 일인 것 같다. 나도 내년엔 올해의 경험을 바탕으로 좀 더 근사하고 멋진 텃밭을 만들어 곤충 친구들을 더 많이 내 옥상으로 초대해야겠다. 내 마음속으로도. (2016)

어땠을까

운전하면서 라디오 듣는 걸 좋아한다. 듣다보면 나와 다른 이들의 삶을 보는 것 같아 좋고, 힘이 들 땐 다른 사람들이 열심히 사는 이야기를 듣고 용기를 얻기도 한다. 출. 퇴근길 긴 시간은 아니지만 라디오를 듣다보면 가끔 막힘으로 인한 지루함도 잊을 수 있고, 좋은 음악까지 덤으로 들을 수 있다. 그때 듣게 된 싸이와 박정현의 '어땠을까'.

처음 듣는 노래의 가사가 19년 전 스스로 삶을 포기한 동생을 생각나게 했나. 스스로 삶을 포기하기 며칠 전 내게 전화를 걸어 술 한 잔 할 수 있냐고 했을 때 바쁘다는 이유로 다음에 하자고 한 게 동생과의 마지막 통화가 될 줄 그때는 몰랐다. 가족들 힘들게 하더니 가는 날까지 남은 가족들 가슴에 상처를 남기고 간 동생이 미웠다. 그때는 늘 사고만치는 동생이 미웠고, 전화를 받자 또 뭔 일을 저질러서 내게 전화를 했을까하는 생각과 함께 가슴이 덜컥 내려앉았다. 일부러 그러진 않았겠지만 19년 전 동생은 시한폭탄 같았다. 밤늦게 전화벨이 울려도, 소식 없던 동생에게 전화가 와도 불안했다. 그런 동생이라 갑자기 전화를 해 술 한잔 하자고 하니, '또 뭔 사고를 쳤나?'하는 생각이 먼저 들고 만나기가 두려웠다. 동생이 세상을 떠났을 때도 슬프기보다는 가족들 힘들게 하더니 마지막까지 가족들 가슴에 상처를 남기고 가는 동생이 미웠다. 그렇게 동생에 대한 기억은 희미해져갔는데, '어땠을까' 노래를 들으니 마치 어제 일처럼 내게 왔다.

내가 그때 동생을 만났더라면 지금 동생은 스스로 삶을 포기하지 않았을까? 분명 하고 싶은 이야기가 있어 전화를 했을 텐데 하는 생각과 함께 그동안 잊고 있었던 동생에 대한 미안함이 노래를 듣는 순간 걷잡을 수 없이 밀려오며 눈물이 쏟아졌다. 장례식에서도 눈물이 나지 않았는데, 19년이 지난 지금 너무 미안했다. 스스로 삶을 포기할 결정을 내렸을 때 얼마나 외로웠을까하는 생각과 함께.

살아가면서 지나가버린 시간, 때론 놓쳐버린 기회에 대회 후회를 한다. 내가 그때 그러지 않았으면 어땠을까하며. 오늘이 지나고 난 또 어제된 오늘을 후회하고 '내가 그때 그러지 않았으면 어땠을까'하고 반성할지도 모른다. 최선을 다하겠지만 그렇다고 내가 후회하지 않다는 확신은 서지 않는다.

가끔 텔레비전에서 '가요무대'를 시청하다보면 방청석을 카메라가 비출 때가 있다. 그때 가요를 들으며 눈물을 흘리는 사람을 보면 '노래듣다 왜 울지?'하고 의문을 가졌다. 그런데 나도 라디오에서 가요를 듣다 동생을 떠올리고 울었다. 그러면서 생각하고 실감하게 되었다. 트로트가 우리의 정서를 잘 표현한 노래라는 것과 살아가게 해 주는 위로와 위안이 될 수 있다는 말을.

대중가요로 본 근대의 풍경 『오빠는 풍각쟁이야』를 쓴 장유정은 학교에 가기 위해 탄 버스에서 트로트 「도로남」을 듣고 선율과 가사가 자신의 마음을 울려주어 대중가요를 연구하게 되었다고 했다. 대중가요를 연구해 서울대학교에서 박사학위를 받은 1호라고 하니 대중가요가 역사는 오래되었지만 우리가 무심했다는 것을 알 수 있다, 그러고 보면 세종문화회관에서도, 예술의 전당에서도 대중가수가 처음 공연 할 때도 반대가 많았던 적이 있었다. 지금은 인식이 많이 달라져 그렇지는 않지만 예전엔 대중가요가 저속하다는 비난도 있었다. 하지만 요즘은 K팝 열풍을 타고 우리 대중가요가 나라밖에서도 인기가 많다. 국적을 떠난 리듬이나 가사가 사람들의 마음을 움직인 거라고 본다.

장유정은 '대중이 대중 매체를 통해 향유하는 음악'이 대중가요라고 정의했다.

'어땠을까'가 가요가 아닌 다른 장르였다면 나에게 19년 전 동생을 떠올리게 했을까?

이젠 노래를 듣고 슬픈 기억보단 좋은 기억만 떠올리고 싶다.

내가 그때 이 일을 안 했으면 어땠을까?

내가 그때 남편과 결혼을 하지 않았으면 어땠을까?

내가 그때 그 곳에 가지 않았으면 어땠을까? 하는.

누구나 살아가면서 후회를 한다. 그러지 않았으면 어땠을까? 욕심 때문에, 아쉬움 때문에 앞으로도 난 스스로에게 물을 것이다.
'어땠을까' (2017)

* '어땠을까' 싸이/박정현 노래

34

손 편지를 쓰며

손 편지를 써 본 지가 참 오랜된 것 같습니다. 여고 때 친구에게, 군에 가 있는 남자친구에게, 결혼을 해선 군에 가 있는 두 아들에게 편지를 썼습니다. 편지를 쓰면서 그들이 아닌 제 자신에게 편지를 쓰고 있다는 생각이 많이 들곤 했습니다. 편지는 일기처럼 타인이 아닌 자신에게 하는 말이 아닐까 합니다. 그런데 우리는 살면서 편지쓰기에 참 인색한 것 같습니다. 요즘은 스마트 폰으로 카톡을 보내거나 문자, 이

메일이면 간단한 것을 손 편지라니, 시대에 뒤떨어진 것 아니냐는 질문들도 받고요.

하지만 몇 년 전 군에 가 있는 아들에게 편지를 쓰면서 아들에게 보내는 편지지만 마치 제 자신의 생활을 돌아보는 것 같아 좋았습니다. 이번에 학습관에서 주관한 손 편지를 1년 동안 쓰면서도 비록 답장을 받을 수 없었지만 행복한 시간이었습니다. 내 편지가 누군가에게 말을 걸 수 있다는 것 자체만으로.

살다보면 어느 순간 세상에 혼자만이라는 생각이 들 때가 있습니다. 모든 사람들이 행복한데 나만 혼자 슬프고, 외롭다는 느낌, 그럴 때 누군가 말을 걸어준다면 그 슬픔과 외로움은 사라질 것입니다. 제가 그랬으니까요. 누군가 나를 생각해주고 관심을 가져준다는 것이 얼마나 큰 힘이 되었는지 모릅니다.

한 달에 한번 쓰는 손 편지가 누군가에게 힘이 된다면 더 큰 행복은 없겠지요. 편지를 쓰는 동안 제 자신도 행복했으니 오히려 편지를 쓸 수 있는 기회를 마련해주신 학습관과 제 편지를 받겠다고 허락해주신 분께 감사를 드립니다.

편지쓰기 좋은 가을이 왔으니 저 뿐만 아니라 손 편지를 쓰시는 분들도, 받으시는 분들도 손편지를 더 기다리고 계시지 않을까 합니다.

시간이 많이 흘러 제 편지가 받으시는 분께도 제 자신에게도 소중한 추억과 희망이 되길 소망해 봅니다. 또 더 많은 분들이 손 편지를 쓰셨으면 하는 소망도 가져봅니다.

가끔 마음이 힘들 때 아이들의 어린 시절 앨범이나 아이들이 제겐 보낸 편지, 여고시절 친구들이 보낸 편지를 읽어봅니다. 편지를 읽다보면 타임머신을 탄 듯 행복했던 시간으로 돌아가 속상했던 생각들은 모두 달아나버립니다. 내게도 나를 사랑하고 생각해주는 누군가가 있었고 옆에 있다는 게 편지를 읽는 동안 행복으로 젖어들게 합니다. 편지가 이렇게 커다란 치유의 힘을 갖는다니 더 정성을 다해 손 편지를 써야겠다는 다짐을 해봅니다.

손 편지를 처음 시작할 때는 홀로 계신 어르신들과 소년소녀 가장이었습니다. 편지를 쓰는 동안 몇 분은 하늘나라로 가시기도 하셨습니다. 1년이 지난 후 편지를 읽으실 수 없는 분들도 계셔서 원하시는 몇 분을 제외하곤 편지를 받는 수신자가 바뀌었습니다. 결혼이민자와 우리나라에 정착해서 한국어를 배우는 외국인들로.

처음 편지를 쓸 때 80이 넘은 어르신과 13살 어린 소녀였습니다. 답장이 없는 편지를 쓰는 일이 가끔은 제 자신에게 '과연 내가 잘 쓰고 있나?'하는 의문을 갖게 했습니다. 하지만 수신자가 바뀐 후 한글이 조금 서툴지만 답장까지 받아보니 편지 쓰는 기쁨이 배가 되었습니다. 우리나라에 대한 좀 더 알려주고, 좋은 이미지를 갖게 하기 위해 더 노력하게 되었습니다. 내 손 편지가 우리나라에 대한 이미지를 나쁘게 하지나 않을까? 하는 염려와 함께.

이제 9월이 되면 손 편지를 쓰기 시작한지 2년이 됩니다. 누군가 내 편지를 받아준다고 허락해야 쓸 수 있는 손 편지를 2년이나 쓰다니, 제 자신이 많이 행복한 사람이라 생각됩니다. (2017)

내 나이가 어때서

친구가 갑자기 전화를 해 보톡스 주사를 함께 맞지 않겠느냐고 한다. 평소 외모에 관심이 많았던 친구는 누구보다도 정보가 빨라 유행에 앞서간다.

'보톡스 주사라니? 겁이 많아 남들 다하는 귀걸이도 못하는 나에게….'

무서워서 못한다는 내게 친구는 이젠 더 늙기 전에 가꾸면서 살아야지, 얼굴이 그게 뭐냐고, 얼굴은 안 보고 사느냐고 잔소리를 하다가 전화를 끊었다. 친구의 말에 의기소침해져 거울 속의 내 얼굴을 한 동안 들여다보며 이제부터라도 피부과를 다녀야 하나 하는 생각이 들었다.

대부분의 여자들은 어릴 적엔 빨리 커서 어른이 되고 싶어 하고, 어른이 되면 늙는 것이 싫어 어떡하면 좀 더 젊게 보일까 노력한다. 옷차림도 좀 젊게, 화장도 동안 화장이 유행이듯…. 그러다 보니 뒷모습을 보곤 도무지 나이를 짐작할 수 없어 재미있는 일들이 자주 벌어진다. 친구만 보더라도 긴 생머리, 배꼽티, 스키니진의 패션은 중년이란 나이가 무색할 만큼 젊은이들에게 뒤지지 않는다. 하지만 살아온 세월은 감출 수 없다. 뒷모습은 나이를 속일 수 있고, 얼굴은 화장으로 감출 수 있지만 목주름은 감추기 어렵다.

젊음은 그 자체만으로도 좋다. 맑은 얼굴과 생기발랄한 모습은 보는 이들도 기분이 좋아 진다. 하지만 그들은 그 행운을 잘 모르고 지나친다. 내 자신도 그랬고….

나이 듦이 무섭고, 때론 무심하게 소비해 버린 시간에 대한 후회로 다가왔다. 어쩌다 거울을 자세히 볼 때 내 자신을 보고 깜짝 놀랐고, 늘어나는 흰머리와 잔주름이 싫었다. 그런 어느 날 공연차 한국에 온 발레리나 강수진의 인터뷰를 TV에서 보고 깊은 감동을 받았다.

"발레리나로서 마흔의 나이가 부담이 되지 않느냐?"

라는 기자들의 질문에 강수진은

"젊어서는 감정표현을 제대로 할 수 없어 작품을 할 때마다 부담스러웠는데, 지금은 작품표현을 마음먹은 대로 할 수 있어 마흔의 나이가 좋다." 고 답했다.

자신의 위치에 당당하게 선 발레리나 강수진의 모습도 아름다웠지만 나이가 들어가면서 작품의 감정표현을 젊어서는 할 수 없었던 것까지 할 수 있어 좋다는 말을 들으니 그녀가 왜 세계 최고의 발레리나인지 알 수 있었다.

나이 듦은 그 동안 살아온 연륜과 경험, 가슴속에서 끊임없이 다투던 욕망이 잠재워지는 평화로운 시간이라는 깨달음과 함께.

예전엔 누군가 물으면 한 10년만 더 젊었으면 좋겠다는 말을 자주했다. 하지만 요즘은 지금이 좋다. 다시 10년을 되돌린다면 그 많은 시행착오를 저지르고, 끊임없는 욕심으로 내 자신과 주변사람들을 힘들게 하지 않을까하는 우려가 앞선다. 부족하지만 지금의 내 나이가 좋다. 얼굴에 세월의 흔적이 묻어있고, 세상과의 적당한 타협과 많은 욕심을 절제할 줄 알기에, 이제는 자신과의 끊임없는 싸움을 자제하고 세상을 편안한 시선으로 바라볼 수 있는 내가 좋다.

5월 초의 연초록 신록도 싱그럽고 예쁘지만 고목의 넉넉한 편안함도 우리에게 그늘을 제공하듯 이제 나이에 맞는 편안

힘과 여유로 세상을 살고 싶다.

시골에 가면 마을 어귀마다 서 있는 고목이나 느티나무처럼 나를 보는 사람들이 편안함을 느낄 수 있는, 기대고 싶은 마음이 드는 편안한 사람으로 나이 들고 싶다. 눈뜨면 새로운 신제품이 쏟아져 나오고 변화하는 세상이지만 늘 자신의 자리를 지키고 있어 사람들에게 편안함을 줄 수 있는 그런 사람이 되고 싶다.

나이가 듦에 따라 세상을 좀 더 관대하게 바라보고, 이해할 수 있다면 그 동안 살아오면서 겪은 시행착오는 결코 헛됨이 아닐 것이다.

내 나이가 좋다. 누구의 엄마, 누구의 아내가 아닌 가족의 일을 떠나 내 자신을 찾을 수 있는 나이라서 더 좋다.

여자로서 누군가에게 예쁘게 보이려 조바심치던 시기도 지나고, 누군가의 갈등으로 마음 다치는 시기도 지나 내 자신과 내면의 대화를 할 수 있는 나이가 좋다. (2016)

PART 2

'여자는 약하지만 엄마는 강하다.'라는 대기업 광고를 보며 엄마 모습이 떠올랐다. 수박 한 통을 들지 못해 쩔쩔매던 아내가 아이를 낳자 한 팔로 아이를 안고, 한 팔로 유모차를 번쩍 들고 계단을 오르는 장면이었다.

엄마, 아내 그리고 여자

1. 엄마

'여자는 약하지만 엄마는 강하다.'라는 대기업 광고를 보며 엄마 모습이 떠올랐다. 수박 한 통을 들지 못해 쩔쩔매던 아내가 아이를 낳자 한 팔로 아이를 안고, 한 팔로 유모차를 번쩍 들고 계단을 오르는 장면이었다. 결혼 후 아이를 낳아 키우기 전까지 엄마는 그냥 엄마인줄 알았지 엄마이기 이전 여자라는 걸, 누군가의 딸이란 걸 깨닫지 못했다. 세상에 존재하지 않는 제3의 성 '엄마'라고 생각하며 살았다.

내가 초등학교를 입학한 기념으로 엄마가 앉은뱅이책상을 사주셨다. 엄마는 책상을 사서 운반비가 없어 머리에 이고 수원시장에서부터 의왕 집까지 10Km를 걸어 오셨다. 엄마가 무거운 책상을 머리에 이고 걸어오는 줄도 모르는 난 책상을 사러간 엄마가 빨리 오지 않는다며 대문 앞에 앉아 기다렸다. 동생들한테 짜증을 부리며. 그 앉은뱅이책상은 내가 결혼할 때까지 2층 다락방에서 함께했다. 결혼 후에도 엄마를 보러 갈 때마다 책상에 앉아 엄마가 땀에 흠뻑 젖어 책상을 머리에 이고 집으로 오던 날을 떠올리곤 했다. 엄마가 얼마나 힘들었을까보다 책상이 늦게 와서 친구들에게 자랑하지 못한 것이 서운했던 철없는 딸이 이젠 그때의 엄마보다 더 나이가 들었다. 하지만 아직도 엄마를 생각하면 앉은뱅이

책상을 머리에 이고 걸어오던 모습이 먼저 떠오른다. 그건 내게 오랫동안 힘들 때 마다 힘을 주는 엄마에 사랑이었다.

친구들 중에 가장 먼저 내방과 책상을 갖게 해주었던 엄마, 그런 엄마가 아직도 그 집에서 홀로 살고 있다. 내가 언제든 찾아가도 웃는 얼굴로 반겨주시며.

바로 아래 남동생이 서른일곱 나이로 스스로 삶을 포기한 날, 엄마는 울지 않았다. 학교 다닐 때부터 엄마를 힘들게 한 동생은 엄마보다 먼저 삶을 포기하며 자신을 꼭 닮은 어린 아들과 딸을 남기고 떠났다. 자식을 다 키워놓고 50이 넘어 편안하게 생활할 나이에 엄마는 다시 손자, 손녀를 자식처럼 키우셨다. 하루아침에 엄마, 아빠 없이 고아가 된 조카들을 키우시기 위해 우리를 키울 때보다 더 열심히 일을 하셨다. 자라면서 더 먼저 떠난 아들을 닮은 손자를 보면서 아들을 생각해서인지, 아님 다른 엄마보다 더 많은 모성을 지니고 배어나서인지.......

그런 엄마가 이젠 몸이 아파 잘 걷지도 못하고, 몇 시간 앉아있을 수도 없어 딸집도 못 오고 여행도 하지 못한다. 작년까지 일하는 딸 힘들까봐 김치뿐 아니라 밑반찬까지 챙겼었는데.

엄마는 늘 씩씩하고 아프지 않는 줄 알았다. 내가 원하면 뭐든 해주는 만능박사인줄 알았는데 그런 엄마가 아프다. 서툰 음식솜씨로 가끔 생색내며 내가 해주는 밑반찬 한 가지를 놓고 밥을 먹는다. 난 늘 바쁘다는 핑계로 엄마를 자주 찾아가지 못하고. 외로우신지 아침·저녁으로 "내게 운전조심해라, 퇴근했느냐?"고 묻는 엄마에게 짜증만 낸다. 많이 늦었지만 이제라도 엄마가 엄마로서의 의무감에서 벗어나 자유롭게 오로지 엄마를 위해서만 남은 생을 행복하게 살았으면 좋겠다.

2. 아내

아버지는 내가 고등학교 1학년 때부터 일을 하지 않으셨다. 2차선 도로가 4차선으로 확장되면서 찻길 옆에 있던 집이 헐려 새집을 짓고 이사한 해부터였다. 예쁘게 지어진 2층집으로 이사한 기쁨도 잠시 비 오는 날 지붕을 보러 올라갔던 아버지가 떨어져 허리를 다친 후, 완치 후에도 아프다는 핑계로 일을 하지 않았다. 그때부터 고1, 중1, 초등학교 5학년이었던 우리 3남매의 교육도, 생활도 모두 그녀의 몫이었다. 타고난 천성인지 아님 남편 몫까지 일을 해서 그런지 내가 기억하는 그녀는 동네에서 가장 부지런하고 일을 잘하는 사람이었다.

여름엔 집안에서 가장 시원한 곳에서, 겨울엔 가장 따뜻한 곳에서 아버지는 가장 맛있는 음식을 먹으며 누워있거나 하는 일 없이 앉아 있었다. 그녀는 늘 바쁘고. 그런데도 뭐를 그리 잘못했는지 아버지는 늘 큰소리를 냈고.

어느 날 학교에서 와보니 마당 한가운데 석유곤로 위 커다란 들통에서 구수한 냄새를 내며 뭔가가 끓고 있었다. 배가 고프기도 해서 혹 그녀가 나와 동생들을 위해 뭔가를 하는 줄 알고 들통 뚜껑을 열었다가 너무 놀라 뚜껑을 던져버렸다. 들통 속엔 뱀이 똬리를 틀고 있었다. 그녀가 남편을 위해 허리를 다친 데에 좋다는 말을 듣고 뱀을 잡아서 약을 만들고 있는 중이었다. '어떻게 저런 뱀을 잡을 생각을 했을까? 잡으며 무슨 생각을 했을까? 남편이 이젠 자리에서 일어나 다시 예전 모습으로 돌아오길 소망했을까?' 하는 생각과 함께 며칠 전부터 장화를 신고 풀숲을 다니던 모습이 자꾸 떠오르며 아버지가 싫어졌다.

그렇게 아버지를 위해 노력했던 그녀가 이젠 1년 넘게 아버지를 보지 않으려 한다. 작년에 치매로 요양병원에 간 아버지 만나기를 거부한다. 수많은 시간동안 일방적으로 베푼 아버지에 대한 사랑은 남편에 대한 도리를 자식을 위해 한 것이란다. 하지만 이제 아내에 대한 예의를 모르는 아버지를 보고 싶지 않단다. 남편이 싫다고 '이혼'을 할 수 없어 최선을 다해 산 것이란다. 그녀는 아내로서 최선을 다해 후회가 없다지만 요양병원에 있는 아버지는 '그녀를 기다리고 있을까? 아님 그 동안 아버지 자신이 그녀에게 잘못한 일을 반성하고 계실까?' 궁금해진다. 하지만 한 번도 아버지도, 나도 그녀에 대한 이야기는 하지 않았다. 그래도 그녀는 지금이라도 아버지가 우리를 통해서라도 그 동안 미안했다고 용서를 구하는 말을 전해 듣고 싶은 것은 아닐까?

그녀는 아내로서, 누워만 있는 남편을 위해 아이들에게 아빠 몫까지 최선을 다했으니까, 소리 내어 원망도 하지 못하고 살았으니까. 아버지에 기억이 지워지기 전에 사과를 받고 싶은 것은 아닐까?

이젠 아버지가 없는 집에서 그녀만의 꽃을 키우고, 식탁을 차리며 씩씩한 엄마였던 그녀가 이젠 본래의 그녀 모습으로 산다. 누구의 아내, 누구의 엄마가 아닌 오로지 그녀의 모습으로.

3. 여자

어릴 적 엄마는 산 아래 밭에 갈 때면 꼭 나를 데리고 갔다. 내게 밭일을 시키지도 않으면서, 밭둑에서 놀라고 하면서도 데리고 갔다. 내가 이런 저런 핑계를 대며 안 가려고하면 화를 냈다. 어느 날은 비가 쏟아지는 데도 나와 동생들까지 데리고 가서 밭둑에 앉혀놓고 밭일을 했다. 나와 동생들이 집에 가고 싶다고 떼를 써도 안 된다고 하며 밭일이 다 끝날 때까지 밭둑에 앉혀놓았다. 지루했던 시간들을 보내려 어떤 날은 풀벌레도 잡고, 야생화도 꺾었지만 시간은 너무 느리게 갔다. 산그늘에 앞이 잘 보이질 않아서야 밭일은 끝났고, 나와 함께 집으로 왔다. 집으로 돌아오는 내내 난 엄마에게 툴툴거렸고.

아버지의 술버릇은 고약했다. 술만 마시면 꼭 집 앞까지 와서 엄마를 불러놓고 집안엔 들어오지 않고 집 근처를 배회했다. 비가 오건, 눈이 오건, 깊은 밤에도. 그럴 때마다 엄마는 혼자 아버지를 찾으러 가지 않고 꼭 자는 나를 깨워 앞세웠다. 동생들도 있는 데 왜 꼭 나였는지, 왜 나를 첫째로 낳았냐고 엄마에게 원망을 많이 했다. 아버지도 싫고, 아버지가 그럴 때 마다 나를 앞세우고 찾으러 나서는 엄마는 더 싫었다.

엄마처럼 살지 말라고, 절대 엄마처럼 살지 않겠다고 했지만, 딸은 정말 엄마를 닮는 걸까? 결혼 후 알게 된 남편 술버릇은 내가 싫어했던 아버지와 많이 닮았다. 술만 마시면 꼭 나를 불러낸 후 집엘 들어오질 않는다. 숨바꼭질을 하는 것도 아니고 나를 일부러 골탕을 먹이기로 작정이라도 하는 사람같이 힘들게 하며 집 주위를 돌며 들어오질 않는다. 모르는 척 할 수도 없고. 깊은 밤 남편 때문에 집밖을 돌다보면 너무 무섭고 서러워 이런 남자랑 결혼한 내 자신이 미워서 견딜 수가 없었다. 하지만 난 엄마처럼 내가 무섭다고 아이들을 깨울 수가 없었다. 내가 죽고 싶을 만큼 싫었던 일을 아이들에게 하고 싶지 않았다.

그때 엄마가 왜 나를 앞세우고 아버지를 찾아 나섰는지, 밭일을 시키지도 않으면서 꼭 밭엘 데리고 가서 일을 했는지 알게 되었다. 엄마도 나처럼 무서웠을 테니까. 그때 내가 엄마도 여자라서 무섭다는 걸 알았다면 짜증내지 않고 따라 나섰을 텐데 하는 생각이 들었다. 집안일을 몰라라 하고 밖으로만 나도는 남편대신 씩씩한 척 했지만 엄마도 겁 많고 약한 여자였다는 걸 결혼을 한 후에야 알았다. 그때 엄마에겐 내가 딸이 아니라 남편대신이고, 때론 친구였다는 걸.

팔순을 바라보는 엄마는 아직도 소녀 같다. 그 나이에 부끄러움도 많이 타고. 전화통화를 할 때면 내가 꼭 엄마 같다는 느낌이 들 정도로 감성적이고.

요즘은 엄마로서가 아니라 여자로서 엄마를 바라볼 때가 많다. (2017)

FOCUS 엄효섭

요즘 아이들은 인터넷 게임을 좋아하고 즐겨한다. 집집마다 아들을 둔 부모들의 걱정이 너무 게임에 빠져 있다는 이야기다. 한 정신과 의사는 게임이 중독성도 강해 치료도 받아야 한다며 그 부작용을 우려하고 있다.

그런데 내 큰아들은 남들이 걱정하고 중독성까지 있다는 워크래프트3 프로게임 선수다. 또래의 아이들은 선생님 아들 부럽다고 하지만 아이들이 생각하는 것만큼 재미있고 좋지만은 않은 것 같다.

무엇이든 겉에서 보는 것과 자신이 직접 그 일에 뛰어들어 하는 것은 다르다. 창밖을 내다보며 따뜻한 봄 햇살 유혹에 외출했다 꽃샘추위에 놀란 일이 어디 한 두 번일까?

이제는 큰아이가 하는 일을 응원하고 도와주고 있지만 처음 시작할 때는 그렇지 않았다. 내가 늘 일을 하니 아이들이 학교 잘 다니고, 공부 잘 하고 있는 줄 믿었다. 특히 누가 봐도 모범생인 큰아이가 게임에 빠져 있을 줄은 상상도 하지 못했다.

1년 6개월이란 시간을 아들을 설득하고, 때론 협박하고, 얼굴만 마주보면 서로 감정이 상해 외면했다. 답답하고 너무 힘들었던 시간이었다.

왜 자신을 생각하는 엄마의 마음을 몰라주는지 아들이 원망스럽고, 남들 열심히 공부하는데 컴퓨터 앞에 앉아 게임을 하는 아들이 밉고, 보고 있으려니 화병이 날 것 같았다.

남편과 의논 끝에 집에 컴퓨터를 없애는 날 아들은 밥도 굶고, 학교가기를 거부하며 누워 버렸다. 소심하고 몸도 약한 아이가 혹 병이 날까 안절부절 못하는 내 앞에서 아들이 한 말은 내 가슴에 화살이 되어 박혔다.

"엄마, 아빠가 내가 게임하는 것 싫어하는 것은 내가 좋은 대학가지 못해 창피해서 그러시는 거죠. 나를 생각해서 그러는 게 아니라. 그리고 엄마는 남들이 다 이해하지 못해도 나를 이해하고 내 편이 되어주어야 하는 것 아닌가요? 엄마도 엄마가 좋아하는 일 하시면서…. 내가 딱 1년만 해보고 안 되면 공부 할게요"

그 말을 듣는 순간 내 자신을 돌아보며 반성을 했다. 아들 말처럼 내가 정말 아들을 생각해서 좋아하는 게임을 하지 못하게 하는 걸까? 왜 게임을 나쁘다고만 생각했을까? 사회적

편견과 체면 때문에 아들이 잘 할 수 있는데 내가 막는 것은 아닐까?

남편은 아들의 일을 내 책임으로 몰아붙이며 화를 냈지만 난 아들의 의견을 존중해 딱 1년만 믿어 보기로 했다. 1년 동안 열심히 해보고 잘 안 되었을 때 다시 공부하기로.

약속을 한 후에도 지켜보는 것은 힘들었다. 내 잘못된 판단으로 아들의 미래를 잘못되게 하는 것은 아닌지. 내 아들만 낙오되는 것은 아닌지, 불안해하며 보낸 1년.

하지만 아들은 열심히 해서 약속을 지켰다. 1년이란 시간동안 세계대회에서 3위를 하며 자신의 이름을 알렸고, 열심히 공부해 검정고시도 합격, 대학도 입학했다. 그리고 부끄럽게도 자신을 믿어준 엄마에게 고맙다고 했다. 난 사실 입으로만 믿는다고 했지 늘 불안하고 아들을 믿지 못했다.

이제는 아들을 믿는다. 늘 자신의 일에 최선을 다하고, 많은 시간을 컴퓨터 앞에 앉아 있고, 시차로 잠이 늘 부족해 피곤해 하지만 자신의 일을 열심히 하는 아들이 자랑스럽다. 또 세계 여러 곳을 돌아다니며 자신의 공간을 넓혀가는 아들이 대견하다.

평범하다는 것은 위험하지 않아서 좋다. 하지만 그 평범함이 숨겨진 자질을 찾지 못하게 방해한다면 위험하지 않을까?

오늘도 많은 엄마들이 자식을 걱정하며 오로지 대학을 위해 올인 한다.

우리가 모르는 아이의 능력이 실수로 빛을 잃는 것은 아닌지, 어른들의 체면으로 아이의 자질을 미리부터 없애버리는 것은 아닌지 한번 쯤 돌아보았으면 하는 생각을 한다.

언젠가 방송에서 아들 팬이 만들어준 커리커쳐 'FOCUS 엄효섭' 판넬엔 드라마 '주몽'의 복장을 한 아들아이 사진이 있었다. 그 모습을 보며 아들에게 미안했다. 엄마, 아빠가 자신을 이해하지 못할 때 얼마나 서운하고 외로웠을까? 지금의 자리에 서기까지 얼마나 힘들었을까? 사실 난 아들이 게임을 포기하길 바랐다. 그 마음을 들킬까봐 지금도 아들에게 부끄럽고 미안하다.

세계적으로 우리나라 게임선수들의 실력이 뛰어나고 어디를 가든 인정받는다. 또 우리 부모들이 생각하는 것처럼 게임이 나쁜 것만도 아님은 스타크래트프 선수들이 공군에서 전략을 짜는 것만 보아도 알 수 있다. 하지만 아직도 많은 부모들이 무조건적으로만 나쁘다고 생각한다. 모두가 선수로서 성공할 수 는 없다. 하지만 어른들이 모른다고 나쁘다고만 몰아붙이는 것도 바람직하지 못하다.

아들은 휴학 중이다. 외국으로 많이 다녀 성적이 좋지 않으니 딱 5년만 게임을 하고 다시 공부해서 게임에 관한 일을 하고 싶다는 약속과 함께.

이제는 몸도 마음도 훌쩍 커버린 아들을 믿는다. 자신을 잘 다스리고 최선을 다하는 아이니까.

난 이제 당당하게 말한다. "내 아들은 게임선수 FOCUS 엄효섭 이에요" (2008)

반려동물 전성시대

거리를 걷다보면 동물병원과 반려동물용품점을 자주 보게 된다. 가만히 유리벽 안을 들여다보면 인형처럼 귀여운 강아지들이나 고양이들이 서로 기대고 잠들어 있는 모습이나, 장난치는 모습을 볼 때 사랑스러워 기르고 싶은 충동을 느끼는 것은 나만이 아닐 것이다.

요즘 핵가족화와 함께 이혼율 급증, 독신자 및 독거노인들이 늘어나면서 외로움을 달래기 위해 반려동물을 기르는 사림들이 늘어나고 있다.

10년 전 급격히 불기 시작한 반려동물 기르기 열풍은 연간 1조원의 시장을 이룰 정도로 성장했다고 한다. 백화점에서나 마트에서도 반려동물의 사료와 옷, 용품까지 갖춘 독립코너가 개설되고 있다. 최근에는 '애견카페', '반려동물 호텔' 등 반려동물과 관련한 전용공간이 등장하고 있어 열풍은 가히 폭발적이라 할 만하다. 이런 열풍은 일명 '페트 신드롬(Pet Syndrome : 반려동물에 대한 관심 증가)이라는 신조어를 탄생시켰다.

어느 통계자료에서 국내 가정에서 기르는 반려동물은 300여만 마리로 추산하고 있다는 기사를 읽었다. 그 중에서 개와 고양이가 250만 마리로 가장 많고, 햄스터와 금붕어, 새, 토끼, 거북이 등이 그 뒤를 잇고 있다.

나도 아이들 때문에 여러 종류의 반려동물을 길러 보았다.

집안의 건조함을 줄이려고 수족관을 설치하여 금붕어, 청거북도 키웠다. 베란다엔 아이들이 학교 앞에서 사온 병아리가 커져 중닭이 될 때까지 키웠고, 햄스터도 키웠다.

'역지사지'라고 전에는 반려동물을 안고 쇼핑을 하거나 산책하는 사람을 보면 흥분해 열변을 토하곤 했다.

"아니, 사람 사는 것도 힘든데, 동물까지 수입해 길러야 하나? 그럴 여유가 있다면 고아들이나 입양해 키우든지, 아님 어려운 사람을 돕든지……"

그러던 어느 날 개 한 마리를 우리 집 가족으로 맞게 되었다. 일하는 나에게 지인이 아이들 정서에 좋다면 선물로 준 영국산 요크셔테리어. 잿빛 털을 지니고 있는 눈이 큰 귀여운 7개월 된 수캉아지다. 하는 짓이 영리해 난 첫날부터 녀석에게 푹 빠지고 말았다. 마침 그때는 아이들이 친가에 가있어 나와 더 친할 수 있었는지도 모르겠다.

그런데 아이들이 친가에서 돌아오면서 녀석은 태도가 돌변했다. 나만 좋다고 졸졸 따라 다니며 재롱을 부리더니 큰아이를 보는 순간 큰아이만 따른다. 순간 괘씸하고 미웠지만 도리가 없었다. 녀석은 내가 큰아이에게 야단을 치거나 매라도 들면 으르렁대며 나를 행해 이빨을 드러내며 위협을 하기도 했다. 한편으론 큰아이를 따르고 지켜주려는 마음인 것 같아 신통하기도 하고, 한편으론 큰아이가 제 동생보다 반려견을 더 예뻐하는 것 같아 걱정이 되기도 했다.

큰아이는 강아지에게 '꿈돌이'라는 이름까지 지어주며 늘 함께 했다. 동물을 아끼고 사랑하는 마음은 기특하고 예쁜데 너무 정을 주다 상처를 받으면 어쩌나 하는 우려도 생겼다.

꿈돌이와 큰아이의 사이가 얼마나 각별한지 혹 아이가 1박 2일 캠프라도 가서 오지 않으면 꿈돌이는 먹이도 먹지 않고, 잠도 자지 않고 현관 앞을 지키고 있다. 안쓰럽기도 하고 기특하기도 하다. 속담에 '사람 못된 것은 개만도 못하다.'라는 말이 새삼 수긍이 가며 어쩜 저리도 자기가 좋아하는 사람을 그리는 마음이 간절할까 하는 생각이 든다.

꿈돌이는 외출해서 돌아오면 꼬리를 흔들며 다가와 안아 달라고 재롱을 떨고, 식탁에 밥을 차리면 방마다 돌아다니며 식구들을 부르는 영리한 행동을 하기도 한다.

남들이 반려견을 안고 다니면 흉을 보던 내가 어느새 입장을 바꾸어 반려견 예찬을 하고 있으니 사람은 언제 상대방과 입장이 바뀔지 아무도 모르는 일이다.

그러나 반려동물을 기르겠다고 마음먹은 처음과 달리 어느 정도 성장하거나 병이 들면 반려동물을 버리는 문제가 최근 사회문제로 떠오르고 있다.

서울시가 집계한 자료에 따르면 지난해 서울시에서만 집을 잃고 헤매는 동물의 수는 3천279마리로 재작년의 2천18마리에 비해 62%나 늘었다고 한다. 또한 반려동물의 천국이라고까지 불리는 프랑스의 경우 매년 바캉스 기간에 길에 버려지는 반려동물의 수가 무려 1백만 마리에 이른다고 한다. 이 같은 현상은 반려동물을 사람과 같은 감정이 있는 살아있는 생명체로 보지 않는데 원인이 있는 것 같다.

우리는 살아가면서 많은 것을 만나고 사랑하며 산다. 사랑한다는 것은 끊임없는 책임과 의무가 따른다. 반려동물을 기른다는 것은 부지런하기도 해야 하지만 정서적으로 안정되어 있지 않으면 어렵다. 먹이를 줘야하고, 깨끗이 씻겨줘야 하며, 같이 놀아주고, 배설물도 처리해야 한다. 또 때마다 잊지 않고 예방접종도 해야 하며, 간혹 병에 걸려 많은 돈이 지출되기도 한다. 그럼에도 모든 불편을 감수하고도 남는 더 큰 매력이 반려동물을 키우게 한다.

사람이나 동물이나 초록에 취해 산책하기 좋은 계절이다.

사랑의 계절, 가정의 달 5월엔 사람이나 동물 모두가 누군가에게 버려져 신문이나 TV뉴스에 등장하는 일이 없었으면 좋겠다. (2002)

지상의 방 한 칸

분당아파트 청약 경쟁률이 최고를 기록하고 있다는 보도가 연일 매스컴을 장식한다. 1가구 2주택 자에게는 세금을 이중 과세하겠다거나 자금추적을 하겠다는 세무당국의 엄포에도 청약률은 사상 최고를 기록해 서민들에게 상대적인 허탈감을 느끼게 하고 있다. 평당 분양가가 천만 원을 넘는 아파트를 분양받는 이들은 도대체 어떤 이 들일까? 나도 혹 여유가 있다면 분명 청약을 위해 저들사이에 끼여 있지는 않았을까

하는 생각을 해 본다. 신문에 뉴스에 나오는 기사가 딴 나라 이야기같이 들린다.

결혼 날짜를 잡고 방을 구하기 위해 고생했던 기억이 떠오른다. 그때는 88올림픽을 앞두고 전세 가격이 하늘 높은 줄 모르고 치솟던 시기였다. 갑작스럽게 서두른 결혼식 때문에 급히 방을 구하러 다니며 내가 세상물정에 대해 너무 어둡다는 것을 알았다. 가진 돈으로는 방 한 칸도 구하기 어려웠다. 태어나 한 번도 이사를 해 본적이 없던 난 누구나 살 집이 있는 줄 알았다. 또 왜 집이 없는 사람이 있는지 이해가 되질 않았다. 태어난 후 한 번도 이사를 하지 않고 한 집에서 살아서 집에 대해 생각해 본 적이 없었다. 그런데 그 많은 집이 있는데 내가 결혼해서 살 방 한 칸이 없다는 게 받아들이기 어렵고 힘들었다.

고생 끝에 어렵게 구한 방 한 칸. 부엌과 방 경계가 모호한

빙 한 칸짜리 집이었나. 문을 열면 부엌이면서 현관이고, 화장실은 담장을 돌아 가야했기에 자다가 화장실이라도 가고 싶으면 혼자는 무서워 가지 못하고 자는 남편을 깨워야했다. '젊어 고생은 사서도 한다. 누구든 신혼 땐 다 그렇다.' 위로를 해도 화장실 문제와 연탄을 갈아야 하는 현실은 쉽게 적응이 되지 않았다.

매일 전화를 걸어 우는 소리를 하는 딸을 위해 결혼 4개월 만에 친정엄마가 옮겨준 집은 작은 거실과 욕실이 있는 방 2칸짜리 집이었다. 이사를 하고 잠자리에 누워 집이 커서 허전하고 잠이 오질 않아 뒤척이며 이젠 밤에 화장실 갈 걱정을 하지 않아도 돼서 좋았다.

하지만 그것도 잠깐 첫아이가 태어나면서 더 큰집을 욕심내게 되었다. 지상의 방 한 칸을 꿈꾸었던 나의 꿈은 변했다. 작은 것에도 감사하고 행복해 했던 마음을 욕심이 빼앗아가

버렸다. 치솟는 전세가격에 지하방에서 둘째를 낳은 후엔 집에 대한 소망은 점점 커졌다. 맑은 날에도 햇볕이 잘 들어오지 않고, 비라도 오는 날에는 집안이 눅눅해져 자고 일어나면 몸이 물에 젖은 듯 기분 나빴다. 겨울엔 옆집에서 보일러라도 틀면 그 연기가 들어오던 지하방. 습기가 많아 벌레가 자주 출몰하여 기겁을 하게 하던 집. 그때는 지하를 벗어난 지상에 방 한 칸이 소원이었다.

그러다 아파트 청약에 당첨되어 집이 생겼다. 중도금을 내느라 빠듯한 살림을 하면서도 내 집이 생겨 이사를 다니지 않아도 된다는 생각에 참을 수 있었다.

아파트 입주를 한 첫날, 큰아이는 집이 커서 운동장 같다며 행복해 했다. 비 오는 날 벌레가 나오지 않아 좋고, 햇볕이 많이 들어와 좋았다. 마음껏 창문을 열어 놓을 수 있어 좋았고, 작은 아이 기관지가 좋아져서 제일 좋았다. 온 가족이 한 방에 모여 잠을 자며 혹 우리 가족에게 이 집이 너무 큰 건 아닌가, 내 욕심이 혹 화를 부르지는 않을까하는 조바심까지 났다. 이사 후 기쁨도 잠시 난 큰 집을 채우려 이것저것 사 모으기 시작했다. 얼마 후 집은 나의 욕심으로 사람보다 가구가 집을 더 많이 차지했다. 사람이 사는 집이 아니라 가구와 가전제품이 사는 집 같다는 생각이 들었다.

결혼을 앞두고 방 한 칸을 구하지 못해 마음 조리던 내 자신은 간 곳 없고, 이제는 서재가 갖고 싶어 40평대 아파트를 꿈꾼다.

사람의 욕심은 끝이 없다. 지상에 자신의 가족들이 편히 쉴 수 있는 방 한 칸이 없어 월세와 전셋집을 전전하는 사람도 많다.

사람들은 왜 여러 채의 집이 필요한 건지, 집이 크고 넓다고 행복지수가 높은 것은 아닌데. 욕심을 비운 자리가 클수록 행복은 상대적으로 커지는 것이 아닐까한다.

오늘도 나는 결 고운 가을햇살을 보며 지난날 방 한 칸을 생각한다. 그때보다 몇 배 더 크고 넓은 방을 가졌음에도 감사하지 못한 내 자신을 반성한다. (2006)

명절 차례와 제사

맏며느리로 결혼해서 처음 맞는 추석 명절에 차례음식을 제대로 할 줄 몰라 고생했다. 열심히 한다고 했는데 숙주나물을 콩나물 다듬듯 머리와 꼬리를 모두 잘라 못쓰게 만들고, 생선을 굽다 머리를 부서지게 만들어 장을 다시 봐야 했다. 또 차례 음식을 들고 들어가다 넘어져 차례상에 올릴 음식을 쏟아버려서 어르신들을 곤란하게 한 적도 있었다. 지금 생각해도 부끄럽고 민망하다. 그런데 그때는 그런 실수가 부끄럽고, 속상하기 보다는 남편이 원망스럽고 미웠다. 억울하고 화가 났다. 한 번도 배운 적이 없는 차례음식을 못하는 게 당연한 거라 생각했다. 왜 차례를 지내야 하는지, 제사를 지내야 하는지 이해할 수 없었다. 모두 잘못된 풍습이라며 고쳐야 한다고 음식을 할 때마다 투덜거렸다. 지금 돌이켜 보면 부끄럽다.

하지만 시간이 흘러 그때 어머님 나이가 되고 보니 왜 차례를 지내야 하는지, 제사를 지내야 하는지 이해가 되고 꼭 필요하다고 생각하는 사람이 되었다.

명절과 제사 때가 돌아오면 많은 주부들이 스트레스를 받고, 명절 후에 이혼이 급증한다는 조사 결과가 있다. 그러다 보니 차례음식과 제사음식을 주문받아 만들어 배달해 주는 업체도 생겼다. 이젠 주부들도 예전 어머니들 보다 편해졌다. 물론 직장생활을 하나 보면 바빠서 차례음식이나 제사음식을 장만하기 힘들다. 형편에 맞게 음식을 하는 것도 요즘 주부들의 지혜인 것 같다는 생각이 든다. 방법이야 어찌되든 차례와 제사를 지내는 것이니.

대가족제도에서 핵가족제도로의 변화는 우리 생활에도 많은 변화를 가져왔다. 그러다 보니 바쁘다는 핑계로, 자식의 공부를 핑계로 가장 가까운 아버지, 어머니도 자주 찾아뵙지 않게 되었다. 명절 때마다 국외로 나가는 비행기 표가 모두 일찌감치 매진된다고 하니 조상들의 차례는 시골에 사시거나 따로 사시는 아버지, 어머니들의 몫이 되었다. 바쁜 자식들, 손자들 기다리시며 행여 명절이나 제사 때라도 볼까하는 기대는 사라진지 오래다.

명절에 우리가 지내는 차례나, 제사는 우리 조상들의 지혜다. 멀리 떨어져 사는 친척들이 조상들의 차례와 제사로 만날 수 있는 날이기 때문이다. 선조들은 그들이 세상을 떠난 후 우리가 이렇게 자신들만 아는 이기적인 사람들이 될까봐 차례와 제사를 꼭 지내야 한다고 강조한 것은 아닐까?

일 년에 몇 번이라도 명절에 차례와 제사를 지내며 서로 만나 정을 나누기를 바라고 계셨던 것은 아닐까?

결혼해 명절 차례 상 음식과 제사 음식을 할 때마다 투덜거리던 내 자신이 이렇게 변하다니 50이 넘어서야 철이 드나 보다. 그 동안 철없던 며느리를 보시며 어머님은 얼마나 속이 상하셨을까 생각하니 죄송하다.

요즘은 먹거리가 풍부해 차례음식이나 제사음식을 아이들도 좋아하지 않고, 어른들도 잘 먹지 않는다. 하지만 이 때 만이라도 조상들이 드시던 음식을 하며 서로에 대한 이야기도 나누고 음식을 나누어 먹는다면 정도 쌓이고 좋을 것이다.

시댁도 제사를 줄였다고 하지만 일 년이면 시할아버님, 시할머님, 시아버님까지 3번이나 있다. 다른 집에 비하면 많다고 할 수 없지만 수 십 년 동안 음식을 장만하고 지내신 시어머님을 생각하면 존경스럽다. 하지만 세월이 흘러 내가 나이가 들어 세상을 떠난다면 과연 자식들은 지금처럼 명절에 차례를 지내고 제사를 지낼까하는 생각을 해본다. 혹 벌초를 대행회사에 맡겨버리듯 명절차례나 제사도 대행회사에 맡겨버리고 그들은 국외로 여행을 가지 않을까하는 우려와 함께.

시대와 함께 우리의 풍습도 변한다. 하지만 선조들이 물려주신 좋은 풍습은 조금 불편하고 귀찮더라도 오래도록 지속되었으면 하는 바람을 가져본다. 명절이나 제사 때가 아니라면 언제 우리가 친척들을 만나볼 수 있을까? 바쁘다는 핑계로 자신을 낳아주고 길러주신 부모님도 잘 찾아뵙지도 않는데, 친척은 아마 누구인지도 모르고 지낼 것이다.

세상에 존재하는 모든 것은 이유가 있다. 또 오래된 것은 우리에게 교훈과 편안함을 준다. 마을을 지키는 고목, 많은 사람들이 읽고 감명 받는 고전, 고전 음악 등. 우리 명절의 고유 풍습인 차례와 돌아가신 분을 기리는 제사도.

이젠 명절에도 제사 때도 즐거운 마음으로 음식을 한다. '이번엔 어떤 맛난 것을 해서 가족들과 친척들을 식탁 앞에 둘러앉게 할까?' 하는 즐거운 고민과 함께. (2016)

술에 대한 생각

큰아버지는 막걸리를 좋아 하셨다. 어린 시절 동생과 방학 때 충청남도 예산에 있는 큰집엘 가면 이틀에 한번 양조장에서 막걸리 반말이 배달되어 왔다. 냉장고가 없어 큰어머니께선 땅에 묻은 큰 독에 막걸리를 담아 놓고 큰아버지 식사 때마다 커다란 국 대접에 막걸리를 담아 내셨다. 농사일이 힘드셔서 그러셨는지 물대신 수시로 막걸리를 맛있게 드시던 큰아버지의 모습이 아직도 떠오른다. 바라보는 것만으로도 시원했던 큰아버지의 막걸리를 마시는 모습. 생각해보면 비닐하우스 농사를 많이 지으시던 큰아버지께서 농사일의 고됨을 막걸리 한 사발로 달래신 것은 아니었나 한다. 그렇게 자주 막걸리를 드셨지만 큰아버지께서 술에 취하신 것을 본 기억이 없는 것을 보면 술을 즐기신 것 같다.

초등학교 입학 후 부터였나 보다. 논일이나 밭일을 하시는 아버지께 어머니 대신 새참으로 막걸리를 갖다드린 것이. 지금이야 미성년자에게 술심부름을 하지 못하게 되어있지만, 빈주전자에 막걸리를 받아들고, 아버지가 계신 논으로 향하는 길은 힘들고 무서웠다. 혹 밭두렁, 논두렁에서 뱀이 나오지나 않을까, 한 발짝 한 발짝 걷는 발걸음은 주전자속에서 출렁이는 막걸리보다 가슴이 더 출렁거렸다. 목은 말라오고 아버지가 일하시는 논이 몇 백리나 되는 것처럼 멀게만 느껴졌다. 지독한 목마름에 주전자 꼭지에 입을 내고 홀짝 홀싹 마신 막걸리는 타는 갈증도 무서움도 잊게 해주었다. 막걸리 주전자를 받아든 아버지께서 휑하니 줄어든 막걸리를 보시며 "가게 술 인심이 왜 이리 야박하다냐? 동네에 가게만 하나 더 있어도" 하는 말씀에 가슴 한구석이 방망이질 쳤지만 한동안 막걸리 심부름을 하면서 몰래 먹는 내 버릇은 고쳐지지 않았다.

비 오는 날은 김치전을 자주한다. 이런 날이면 아들에게 막걸리를 사오게 해서 함께 술을 마신다. 남들은 술 마시지 말라고 엄마가 아들에게 잔소리를 한다는데 우리 집은 엄마가 아들에게 술 마시자고 하냐며 아들이 내가 불량 엄마란다. 함께 술을 마시며 이야기를 하다보면 평소에 하고 싶었던 이야기도 할 수 있고, 요양병원에 계신 젊은 시절 아버지를 추억할 수 있어 좋다. 꼭 술이 있어야 추억을 떠올리고, 이야기를 할 수 있는 것은 아니지만. 그래도 조금은 술을 함께 마시며 아들과 친해질 수 있는 것 같아 좋다.

결혼 후 남편의 술버릇을 알게 되었다. 술을 마시기 시작하면 같이 마시던 사람들이 취해 쓰러질 때 까지 마신다는 것을. 남편 주량이 소주 6병이란 것을 남편 친구에게 들었을 때도 실감이 나질 않았다. 사람이 어떻게 혼자 소주 6병을 마신단 말인가? 과장이겠지. 처음엔 의심, 그 다음엔 조금만 마시라고 잔소리, 다음엔 함께 마셔주기로 했다.
'그래 좋아하는 술 왜 좋아하는지 나도 마셔보자, 무조건 마시지 말라고 하기보다 함께 마셔주자'로 생각을 바꾸고 이해해 주기로 했다. 그러다 보니 자연스레 내 주량도 늘고, 남편도 이해하게 되고, 술로 인한 부부싸움도 줄었다. 어쩜 감춰진 내 주랑이 남편으로 인해 빌굴되었는시도 모른다.

술을 좋아한다. 그 중에서도 소주를 좋아한다. 가난한 남편과 결혼해 소주가 체질화 되었다고 말하지만 저렴한 가격, 마실 때 목을 타고 흐르는 톡 쏘는 그 느낌이 좋다. 요즘은 여자들을 겨냥해 20도가 안 되는 소주도 많이 있지만 그래도 난 옛날 두꺼비가 그려진 빨강 뚜껑 25도의 소주가 좋다. 비싼 양주, 와인보다도 오랫동안 사귄 친구처럼 편하게 마실 수 있어 좋다. 소주는 밥을 먹기 전 적당한 빈속에 마셔야 그 맛을 느낄 수 있다. 밥을 먹어 속이 꽉 차게 되면 소주에 톡 쏘는 맛을 제대로 느낄 수 없다.

주말 부부로 일주일에 한 번씩 만나는 남편과 저녁을 먹으며 술을 마신다. 그러다 보면 한 잔, 두 잔 마시는 술과 함께 한 주 동안 지낸 일들을 술술 자연스레 풀어내게 된다. 그렇다고 우리 부부가 알콜 중독자는 아니다. 술을 좋아하고 즐길 뿐. 술은 사람이 마셔야지 술이 사람을 마실 때까지 마시지는 않는다.

많은 사람들이 술에 대해 오해를 한다. 술이 나쁘고 건강을 해친다고. 우리가 살아가는 세상에 건강을 해치는 것이 어디 술뿐이랴. 술이 나쁘고 건강을 해치는 것이 아니라 그 술을 마시는 사람이 술에 노예가 된 것이 나쁜 것이다. 아무리 좋은 것이라도 그 도가 지나치면 해롭다. 술은 마시는 사람에 따라 독이 되기도 하고, 약이 되기도 한다. 칼이 쓰는 사람에 따라 달라지듯. 내게 술은 스트레스를 풀고 다른 이들과 소통하게 하는 중요한 도구다. (2017)

PART 3

봄이 시작되는 숲은 나무들의 술렁거림으로 온통 초록빛, 눈에 보이는 곳마다 꽃망울 터져 눈부신 4월이다. T.S 엘리어트가 4월을 잔인한 달이라고 노래한 뜻은 아마 자연의 아름다움에 따른 인간들의 상반된 상실감이 아닐까 생각해 본다.

산을 오르며

봄이 시작되는 숲은 나무들의 술렁거림으로 온통 초록빛, 눈에 보이는 곳마다 꽃망울 터져 눈부신 4월이다. T.S 엘리어트가 4월을 잔인한 달이라고 노래한 뜻은 아마 자연의 아름다움에 따른 인간들의 상반된 상실감이 아닐까 생각해 본다. 봄이 절정에 달한 4월이 되면 자꾸 산을 바라보게 되고 마음이 산을 향해 달려간다.

결혼 후 첫아이를 낳았을 때도 배낭을 메고 지나치는 사람만 보아도 가슴이 설레고 내가 마치 산을 오르는 상상을 하곤 했다. 직장생활을 시작하며 회사 산악부에 가입해 산행을 시작했다. 전문가들이 하는 암벽 타기나, 장거리 산행은 아니었지만, 산행을 즐기며 산을 오르는 마음은 전문 산악인 수준이었다고 생각한다. 매달 한 번 있는 정기 산행을 놓친 적이 없을 정도로 산행을 하며 산을 좋아하게 되었다.

휴일이나 휴가 때는 마음 맞는 동료나 친구들과 무박 2일의 산행을 하기도 하고. 지금의 산행처럼 가벼운 것이 아니라 매 끼니를 배낭에 메고 산을 오르는 조금은 고된 산행이었지만 그때의 내겐 산은 대단한 매력으로 다가왔다. 또 산행 때마다 같은 산이라도 다른 모습과 색깔로 나에게 왔다.

친한 회사 동료와 여자로서 힘든 무박 2일의 산행코스로 완주를 했던 경북 풍기의 소백산과 땅 끝 마을 해남의 두륜산, 억새밭이 장관이었던 영암의 월출산. 산의 웅장함과 가슴 아픈 역사를 안고 있던 지리산, 몇 번을 가도 갈 때마다 새로운 모습을 보여준 원주 치악산.

처음엔 산이 좋아서 시작했던 산행이 시간이 흐르면서 욕심으로 변해 고생도 많이 했다. 겨울 산행으로 발이 꽁꽁 얼기도 했고, 친구와의 산행이 친구를 산행에서 들른 산사로 인연을 맺게 한 일도 있다. 이렇듯 산을 좋아하고 즐겼으면서도 결혼을 해서 아이를 낳고 살다보니 산은 내게서 점점 멀어져 갔다. 가끔 배낭을 메고 지나는 사람들을 보면 가슴이 설레고 먼 추억처럼 내게 다가왔다.

연초록 봄빛 유혹에 끌려 집 근처에 있는 수리산 수암봉을 올랐다. 야트막한 산임에도 삼림욕장과 계곡을 끼고 있어 주변 사람들에게 아늑한 쉼터가 되고 있는 수암봉은 몇 번을 올라도 오를 때마다 새로운 느낌으로 다가온다.

4월의 산은 나무마다 물이 올라 멀리서 보면 마른 가지도 초록빛을 띠고 있는 착각을 불러일으키게 한다. 숨을 헐떡이며 따라 오르는 아들아이의 부르는 소리도 지나치며 산을 오르며 지난 시간을 찾아간다.

난 그때 산을 오르며 무슨 생각을 했을까? 산다는 것이 이처럼 쉼 없이 숨 가쁘게 산을 오르는 것임을 알고 산을 찾았던 것일까? 힘들게 정상에 올라 아래를 내려다보면 세상이 너무 작고 보잘 것 없는 것인데 왜 아등바등 미워하고 시기할까?

영국의 화가이며 등산가인 애드워드 윔퍼는 이렇게 말했다.

"등산가는 자랑하기 위해서 산에 오르는 것은 아니다. 하나의 커다란 경관을 본다는 목적과 자기 인내력을 시련에 거는 기쁨과 세상에서 가장 귀중한 두 개의 보배(건강과 우정)를 산에서 얻기 위하여 산을 오르는 것이다."

예전에는 오만과 이기심으로 산을 오르면서도 깨닫지 못했던 사실을 결혼하여 두 아이를 낳고, 아들과 함께 산에 오르며 이제야 깨닫는다.

산을 오르는 나에게 하산을 하는 사람들의

"수고 하십니다." 하는 말에 난 한마디도 못하고 말았다.

"수고 많으십니다." 이 한마디를 왜 나는 하지 못했을까?

언제였던가 하는 추억과 함께 요즘도 관광이나 오락이 아닌, 진정 산을 사랑하고 좋아해 찾는 사람이 있다는 것이 신기했다.

놀이공원이나 동물원 등 주로 위락시설을 찾아 즐기는 사람들은 모를 것이다. 산이 우리에게 얼마나 커다란 위안과 희망을 듬뿍 안겨주는지, 우리의 상처를 보듬어 주며 힘을 주는지를 ....

아이들이 더 크면 예전에 추억을 더듬으며 커다란 배낭을 베고 무박 2일 산행을 해야겠다. 밤을 가르며 달리는 차안에서 이야기를 나누며 아침이 오는 소리도 듣고, 누구보다 더 일찍 하루를 시작해야겠다. 나보다 더 산을 좋아하고, 산을 찾는 아이들이 되기를, 산을 오르는 인내와 끈기로 모든 어려운 일을 헤쳐 나가길 바라는 소망과 함께....... (2007)

산행일기1

-삼성산을 다녀와서

산악인 박영석은 산을 오르는 이유를

'자신을 극복하고 삶의 시련을 이겨내는 것이 히말라야를 정복하는 것보다 더 중요하다. 오늘도 나를 찾기 위해 조용히 인생이라는 이름의 산을 오른다.' 라고 말했다.

이처럼 산은 우리 인생에 축소판인 것 같다. 어디를 둘러보아도 산으로 둘러싸여 있는 도시에 살고 있음을 감사드린다. 조금만 부지런하면 쉽게 산행을 할 수 있는 생활을 하고 있음에도 바쁘다는 핑계로 산행을 멀리했다. 하지만 작년 갑자기 몸이 아파 수술을 하며 건강이 안 좋아지면서 산행을 시작하게 되었다. 이곳저곳을 탐색하다 인터넷 다음카페 산악회에 가입하게 되면서 본격적으로 산행을 시작했다.

그래서 처음 산행을 한 곳이 삼성산이다.

삼성산은 관악산과 연계되어 있어 많은 사람들이 관악산으로 착각을 한다. 내 자신도 산악회에 가입하여 산을 다니기 이전엔 자주 산행을 했음에도 지금까지 삼성 산을 관악산으로 알고 다녔다. 교통도 편리하고 안양예술 공원과 연계되어 있고 산세도 험하지 않아 많은 사람들이 자주 찾는 삼성산.

주말에 산을 오르면 거짓말을 더해 산에 나무보다 사람이 더 많다는 생각을 하게 되는 산이다.

삼성산의 유래는 신라 문무왕 때 원효와 의상, 윤필 이 세 명의 성인이 도를 닦은 곳이라 하여 삼성산이라 불리어졌다고 한다. 또 이들이 막을 치고 수도한 곳으로 3명이 막을 쳤다고 '삼막'이란 말이 생겨 이것에 유래하여 '삼막사'라는 절이 생겨났다.

삼막사에는 도선국사, 무학대사, 서산대사, 사명대사가 이곳을 거쳐 갔다.

옛 성인들의 발자취는 세월에 씻겨 자취를 감추었지만 많은 사람들이 삼성산을 찾는 이유는 그분들의 숨결이 남아 있는 삼성산에서 지혜를 배우고 싶어서가 아닌지 생각해 본다.

같은 산이라도 누구와 산행을 하느냐에 따라, 날씨에 따라, 계절에 따라, 산행코스에 따라 느낌이 다르다. 또 산에 대해 사전에 알고 산행을 하면 산행의 즐거움과 함께 역사공부도 함께 하게 된다. 우리나라 어느 곳이라도 옛 성인들의 발길이 닿지 않는 곳이 없겠지만 모르고 그 곳을 찾을 때와 알고 찾을 때와의 차이는 엄청나다.

수도권지역의 산이 대부분 그렇듯 삼성산도 바위가 많은 산이다. 바위가 많은 만큼 산행에 위험도 있지만 산행이 지루하지 않고 재미있다. 바위를 오르면 솔밭이 나오고 또 바위가 이어지고........

사람마다 산행을 하는 이유가 모두 다르다. 웰빙 붐을 타고 건강에 대한 관심이 높아져 요즘은 예전에 비해 산행인구가 많이 늘었다는 매스컴보도가 아니라도 산에 가면 평일에도 많은 사람을 만날 수 있다. 주말엔 그냥 서 있어도 사람에 밀려 산행을 할 수 있을 정도로 인산인해를 이루고.

하지만 아쉽게도 산행을 하는 연령대를 보면 주로 중·장년층이 주를 이루고 있다. 예전엔 주로 젊은 사람들이 산행을 많이 했었는데 요즘 젊은 사람들은 힘든 산행을 즐겨하지 않는다.

세상 어느 하나 의미가 깃들어 있지 않은 것은 없다. 산행에서 만나는 풀 한 포기, 나무 한 그루, 바위 하나도 나름대로의 사연을 지니고 묵묵히 자리를 지키고 있다. 자신의 위치를 불평하지도 않고, 누가 보아주지 않아도 자리를 지키고 있다. 예전 산행 땐 무조건 정상을 향해 올라가느라 주위에 시선을 주지 못했다. 하지만 요즘은 정상을 향한 빠른 산행보다 주위를 살피며 산행을 하려 노력한다. 내가 잘 알지 못했던 산나물 이름, 나무 이름, 들꽃들을 보고, 역사적 유래를 생각하며.

처음엔 산행이 느려 조바심이 났지만 요즘은 하나하나 이름을 배워가며 산행하는 즐거움도 크다. 내가 몰랐을 땐 그냥 지나쳤을 풀 한포기도 이름을 알고 불러주니 나에게 커다란 의미로 다가오며 친구가 된 것 같다.

삼성산은 멋진 바위도 많시만 솔밭의 솔향기가 매력적인 산이다. 산중턱 솔밭에 앉아 먹는 점심은 솔향기와 함께 산행에 흐른 땀방울을 식혀주고 밥맛을 좋게 한다.

아마 옛 성인들도 그래서 삼성산에 움막을 짓고 수행을 하지 않으셨을까 한다.

많은 사람들이 오르는 삼성산이 오래도록 훼손되지 않고 지금의 모습을 간직하길 소원한다. 그래서 늘 그리워 산에 오르면 지금의 모습으로 나를 반겨주길 오늘도 산을 오르며 소망해 본다. 아무리 좋은 명산도 멀리 있어 가지 못하면 무용지물이다. 가까운 친구처럼 가까이 있어 좋은 삼성산. 바로 내 마음의 명산이다.

정상을 향해 오르다보면 숨이 막힐 듯 깔딱 고개도 만나고, 그 고비를 넘기면 정상에 오르게 된다. 살면서 때론 내가 산행에서 만났던 깔딱 고개의 힘듦도, 내리막길에 위험도 만나게 된다. 그럴 땐 지금의 산행을 생각하며 정상에 도달할 수 있는 희망을 포기하지 않으리라. 바위의 넉넉한 자태를, 바위에 뿌린 내린 소나무의 꿋꿋한 생명력을 생각하며 힘을 얻을 것이다. (2007)

산행일기2

-이름처럼 예쁜 가평 '연인산'

상큼한 풀 냄새가 코끝을 자극하는 6월. 눈길이 가는 곳마다 나무들이 한껏 키 재기를 하고 산자락엔 보아주는 이 없어도 자신의 할 일을 묵묵히 하며 예쁜 자태를 뽐내는 야생화가 절정이다.

음식도 제철 음식이 건강에 좋고 맛이 있듯 산행도 계절에 따라 산행하기 좋은 산이 있다. 또 그 산이 사람이 많이 찾지 않고 교통까지 편리하면 더 좋고.

혼자서는 훌쩍 떠나고 싶어도 홀로 산행은 쉽지가 않다. 그래서 많은 이들이 동호회를 만들고 함께 산행을 한다.

내가 가입한 산악회에서 가평 '연인산' 산행이 있어 참가하게 되었다. 산악회에 가입하면서 나름대로 정한 목표가 우리나라에 있는 200명산을 완주하는 것이다. 이 꿈이 이루어질지는 아직 미지수지만 그래도 열심히 산행을 하면 건강도 좋아지고 꿈도 함께 이루지 않을까 한다.

가평 '연인산'은 경기도 가평군 가평읍 송안리와 하면 상편리, 북면 백둔리의 경계에 있는 백두대간 27구간에 속한다.

예전에는 '우목봉'이라 불렀던 것을 1999년 3월 15일 가평군에서 '연인산'으로 이름 지었다. 또 서남쪽의 '전패봉(906봉)', '우정봉,' '전패 고개'는 '우정 고개'로, 동남쪽의 '879봉'은 '장수봉'으로 고쳤다. 또 '연인산'에서 뻗은 4 능선에 우정, 연신, 장수, 청풍 등의 이름을 붙였다.

일반인에게는 1999년 매년 5월 '연인산 들꽃 축제'를 하면서 알져지기 시작했고, 경기도립공원으로 2005년 12월 26일 확정 고시 되었다.

정상이 1,068M로 높은 산임에도 흙산이라 산행하기 피곤하지 않고, 정상에 서면 '명지산'이 한 눈에 보인다. 잣나무가 많아 산은 마치 융단을 깔아놓은 듯 산행 중에도 무릎에 무리가 가지 않아 좋다. 또 맑은 용추구곡을 끼고 있어 가족과 함께 여름산행을 하기엔 최적이다.

더운 날씨에 그것도 무거운 배낭을 메고 사람들은 왜 산에 오를까?

나름대로 다 이유가 있겠지만 내가 산을 오르는 이유는 나를 다스리고, 산에서 세상사를 배울 수 있어서 좋다.

살다보면 어찌 평탄한 길만 있을 수 있을까? 때론 깔딱 고개를 오를 때처럼 힘겹고 견디기 힘든 일도 있고, 때론 비바람이 몰아쳐 한치 앞을 보지 못할 만큼 어두운 날도 있다.

하지만 산을 오르다보면 산행이 우리의 세상사를 축소해 놓은 것 같은 생각이 든다.

산은 멀리서 바라보면 길은 보이지 않고 산행을 할까 싶을 정도로 울창하다. 하지만 막상 산을 오르면 길은 실타래처럼 여러 갈래로 나 있다. 다만 우리가 오르기도 전에 먼저 겁을 먹고 포기해 버려 오르지 못한 것을 깨닫게 된다.

우리의 삶도 이와 같지 않을까. 가끔 끝없이 이어지는 풀일 것 같지 않은 고통…. 하지만 시간이 걸일 뿐 세상에 해결되지 않을 일이란 없음을 산을 오르며 배운다.

때론 힘든 오르막길도 만나 힘겹게 오르다보면 맑은 샘물 만나 물 한 모금에 힘을 얻기도 하고, 시원한 바람도 만나 땀도 식힌다.

또 먼저 산행을 시작 하산하는 사람도 만나 용기도 얻고 다시 정상을 향한 산행을 시작한다.

포기하고 싶은 마음을 다 잡고 정상에 올라 세상을 바라봤을 때의 희열, 많은 사람들이 산을 오르는 이유가 아닐까 싶다.

이름처럼 예쁜 '연인산'. 함께 산행을 한분의 말씀이 '연인산'은 산행을 시작할 때는 친분이 없어 서먹하다가 힘겹게 산행을 하다 보니 하산 길엔 연인처럼 친해지는 산이 '연인산'이라 한다.

듣고 보니 그 말이 일리가 있기도 하다.

우리의 삶도 이와 같지 않을까. 때론 다투기도 하고 미워도 하지만 어려운 일이 생길 때마다 서로 격려하며 이끌어 어려운 일을 해결한다. 어찌 살아가면서 좋고 행복한 일만 있을까?

산을 오르며 보니 가족끼리 산행을 하는 것이 많이 눈에 띈다. 아빠들이 어린 자녀들에게 야생화 도감을 보며 일일이 설명하는 모습이 정겨워 보인다.

힘겨운 산행을 하다보면 가족애는 더욱 돈독해 질것이고 아이들은 책에서 본 야생화를 직접 보며 만져보니 이 보다 더 좋은 체험학습은 없을 것이다.

산은 내게 많은 것을 가르쳐 준다. 주위 사람과 자연을 사랑하는 법, 세상을 살아가는 지혜, 자신과의 싸움에서 이기는 방법을.......

오늘 '연인산'에서 만난 많은 야생화들의 이름을 다 알지는 못하지만 집으로 돌아가 그들의 이름을 공부해야겠다.

그들이 내게 '연인산'을 사랑하게 해 주었듯 나도 내게 온 야생화들에게 이름을 불러주고 내가 살면서 힘들 때마다 내게 위로를 준 그들의 이름을 불러 주리라. 그러면 그들은 내게 힘들 때마다 환한 미소로 힘을 줄 것이다.

현충일에 오른 가평 '언인산', 다시 찾을 땐 내가 이곳의 모든 야생화 이름을 알 수 있어 그들을 이름으로 부를 수 있기를 기대해 본다. (2007)

산행일기3

- 한라산 백록담

산을 좋아하는 사람들은 누구나 한번쯤 오르고 싶어 하는 제주 한라산. 한라산은 3세기 말에서 4세기 초에 분출한 휴화산으로 현무암으로 이루어져 있는 남한에서 가장 높은 1,950m의 산이다. 한라산 정상에는 옛날 신선들이 내려와 백록을 타고 놀았다 해서 백록담이 있다. 백록담에 신선만 놀았을까? 목마른 동물들도 물을 마시고, 한낮에는 햇살이 밤엔 달과 별들이 내려와 놀지 않았을까? 우리나라 자생식물 4,000여종 중 2,000여종이 한라산에 서식한다고 하니 한라산은 거대한 식물원인 것 같다. 하지만 산을 오르며 내가 이름을 안 식물은 얼마나 될까?

28년 전 신혼여행 때 처음 한라산에 올랐다. 여행사 패키지가 아닌 자유여행이라 스케줄을 마음대로 정할 수 있어서 선택한 산행이었다. 한라산 입구(성판악)에서 우리를 내려준 기사아저씨가 6시에 데리러 온다며 택시가 떠났다. 산행준비도 없이 굽 낮은 단화를 신은 난 산책이나 하자며 한라산을 올랐다. 오르다 보니 5월의 한라산은 이름 모를 야생화들로 산을 오르는 우리를 반겼고, 하늘은 눈이 시리도록 파랬다. 하늘이 파랗게 예뻐서, 가로등처럼 서 있는 고사목들이 멋져서, 조금만 더, 조금만 더 하다 보니 어느 덧 한라산 정상 백록담에 서 있었다. 5월 가뭄이 심해 백록담에 물은 조금밖에 없었지만 하늘을 닮아 푸른빛이었다. 정상엔 바람이 거세서 들꽃들은 모두 낮게 몸을 낮추고 피어있었다. 이렇게 높은 곳에 하늘을 닮은 호수가, 이런 들꽃들이 있으리라곤 상상도 할 수 없었던 풍경이 나를 반겨주었다. 난 순간 알프스 소녀 하이디가 된 기분이었다.

하산 길 신발 깔창이 떨어져서 근처에서 주운 끈으로 신발을 묶고 예정된 시간을 훌쩍 넘겨 산을 내려왔다. 우리를 기다리던 기사아저씨는 신혼부부가 한라산을 올라갔을 거라 생각은 하지 못해 혹 실종된 것은 아닌가 하고 신고를 하려던 참이라고 말했다. 산행을 하느라 몸은 녹초가 되어 그날 밤 호텔에서 있었던 신혼부부 파티에는 참석하지 못했다. 하지만 오랫동안 한라산에 푸른 백록담 물빛과 산을 오르며 만났던 야생화들은 내게 힘이 되었다.

다시 한라산에 올랐다. 성판악에서 백록담 정상을 거친 관음사코스의 19Km 거리로 보통 9시간을 산행시간으로 잡는다. 다행히 태풍으로 폐쇄되었던 관음사 코스가 오픈되었다. 처음 20대에 오르던 때와 다름없이 한라산은 그대로인데 나는 벌써 50 중반을 넘었다. 나도 나이를 먹었지만 시간은 한라산도 많이 바꾸어 놓았다. 백록담 정상까지 데크를 깔아놓아 산을 오르기가 예전보다 좋았다. 하지만 산을 오르며 만났던 작은 들꽃들과 바람으로 등이 굽은 나무들은 모두 어디로 갔는지 보이지 않았다. 산이 훼손되는 것을 방지하기 위해서라고 오르는 우리들은 좋았지만 '산에 살던 많은 식물들은 이곳을 떠나 어디로 갔을까?' 하는 생각이 들었다. 가볍게 한라산을 올랐던 예전과 달리 오르는 내내 숨이 차오르고 다리가 너무 아파 '내가 왜 한라산을 오르고 있지?' 하는 질문을 내 자신에게 끝없이 했다. 쉬면서 바라본 제주 바다는 여전히 푸르고, 산행 중 만나는 고사목도, 가을빛으로 물드는 한라산도 아름다웠다. 힘들게 오른 만큼 멋진 풍광이 반겨주었다. 정상에 올라 백록담을 바라보니 한 번도 오르기 힘든 한라산을 두 번씩이나 올랐다는 뿌듯함, 내 자신과의 싸움에서 이겼다는 대견함이 느껴졌다.

사람의 얼굴도 모두 다르듯 산들도 자신만의 자태를 지니고 있다. 결혼 전 친구들과 산을 다니며 산행 후 산의 특징을 살려 별명을 지어 부른 적이 있다. 바위가 많고 산이 험해 설설 기어 설악산, 치 떨리고 악에 받칠 만큼 험한 치악산, 지루하게 길게 산행이 이어지는 지루해서 지리산, 한라산은 한가하게 바다를 바라보며 산행을 할 수 있어 한가한 한라산. 지금 생각해 보면 비슷한 것도 같다. 하지만 이번 한라산 산행은 한가하게 산행을 할 수 없었다. 산악회원들과 함께 산행을 해서 보조를 맞추는 것이 쉽지 않았다. 마음은 그렇지 않은데 몸이 내 마음처럼 움직여 주질 않았다. 보통 일반인들이 9시간 30분에 하는 산행을 선두가 7시간 30분, 제일 뒤에 쳐졌던 후미인 내가 8시간 30분에 완주를 했다. 하산 중 다리가 풀려 고생을 했지만 완주했다는 기쁨이 컸다. 다시 산행을 해서 한라산 백록담을 보기는 어려울 것 같다. 하지만 파란 하늘을 담고 있던 백록담은 늘 기억될 것이다. 함께 후미에서 보조를 맞춰주었던 산우들도. 혼자였더라면 포기하고 정상에 오르지 못했을 텐데…. 함께 라서 가능했던 것 같다.

산행 중 외국인 등산객을 많이 만났다. 우리나라에 가을이 아름답다는 것을 그들도 아는 것 같아 기분이 좋았다. 아기

자기한 산세, 산을 오르는 내내 바라볼 수 있는 제주바다가 한라산을 오르는 또 다른 매력인 것 같다. 한라산은 기후변화가 심해 맑은 날 보기가 쉽지 않다는 안내인의 말을 들으니 정상을 오를 때까지 맑은 하늘을 보여준 한라산이 더 고맙다. 우린 서로의 얼굴을 바라보며 자신들이 모두 덕을 많이 쌓았다며 자화자찬을 했다.

늘 그 자리에 있으며, 계절마다 새로운 얼굴로 반겨주는 산을 좋아한다. 오르는 동안 모든 잡념을 잊을 수 있어 좋고, 늘 나를 받아주는 산이 그 곳에 있어 좋다. 길이 없을 것 같은 산도 오르면 수많은 길이 있어 나를 안내하듯 풀리지 않는 일들도 산을 오르며 생각할 수 있어 좋다. 많은 생명을 품고도 자랑하지 않는 겸손함이, 우리에게 모든 것을 내어주는 너그러움이 좋다. 계절에 순응하며 한겨울 나목으로도 부끄러움

없이 당당한 산의 사내, 한라산을 오르는 동안 힘들다고 이름표를 달고 있는 나무들 이름 불러주지 못한 것이 미안하다. 우리를 기다리며 늘 그 자리에 있는 산, 나도 누군가를 위해 기다릴 줄 아는 사람이 되고 싶다. (2017)

산행일기4

-11월의 관악산

가을 산을 그림으로 표현한다면 어떤 그림일까? 절정에 달했던 단풍에 화려함이 하나, 둘 흙으로 돌아가는 11월에 산은 유화에서 수묵화로 바뀌는 과정인 것 같다.

나목으로 선 당당한 모습이 오래도록 바라봐도 실증나지 않는 짙은 수묵화.

나뭇잎 한 잎, 두 잎 떠나보내고 나목이 되어가는 산은 그 자태를 온전하게 볼 수 있어 능선을 보는 즐거움이 있다.

관악산 팔봉능선의 단풍과 서울대 수목원, 안양 예술 공원에 단풍은 화폭의 크기를 잴 수 없는 그림처럼 선이 곱고 아름답다. 산을 오를 때마다 다양한 모습으로 반겨 산행 때마다 느낌이 다르다. 올해는 가뭄이 심해 단풍이 곱게 물들기도 전 말라버린 모습이지만 계절은 변함없이 멋진 풍광을 선물한다.

도심 가까운 곳에 있어 평일이나, 주말이나 많은 사람들이 오르는 관악산은 계절에 따라, 시간에 따라 다른 모습으로 우리를 반긴다. 산을 오르며 생각한다.

우리들은 가까운 곳에 있어 자주 찾을 수 있어 좋지만 산은 사람들의 발길로 인해 몸살을 앓는 것은 아닌지.

산속에 나무들과 바위들은 늘 한자리에 서서 얼마나 많은 바람과 구름과 사람들을 만나고 떠나보냈는지……

산을 오르는 동안 들려오는 솔바람 소리, 산새 소리가 기다렸다는 듯 끊임없는 이야기를 풀어내며 반긴다. 비 오듯 흐르는 땀도, 가쁜 숨도 산의 이야기에 귀 기울이다보면 어느덧 정상에 서게 된다. 산은 밖에서 바라보면 빽빽한 나무들만 있을 것 같지만, 숲에 들어서면 오르는 사람에게 길을 만들어 내어준다. 살다 힘들고 막막해 산을 오르면, 오르는 동안 마음도 산을 닮아 넉넉해지고 맑아짐을 느낀다.

우리 삶에도 오르막이 있으면, 내리막이 있고, 정상에 서면 다시 내려와야 한다는 사실을 산행을 통해 배운다.

2006년 산악회에 가입해 산행을 시작하며 제일 많이 오른 산이 관악산이다. 어느 분의 말씀처럼 가장 좋은 산은 자기가 살고 있는 집에서 가까이 있는 산이라고 하니 내겐 관악산이 제일 좋은 산이다. 산 이름에 '岳'자가 들어있는 것처

덤 관악산은 京畿 五岳 (관악산, 화악산, 감악산, 운악산, 송악산) 중 하나로 바위가 많아 산행 중 발생하는 사고도 많다. 하지만 위험이 큰 만큼 바위산을 오르는 스릴과 재미도 있어, 산행의 즐거움도 크다.

같은 사물을 대할 때도 사람에 따라 다른 평가를 한다. 우리가 살아가면서 하는 불평들도 다른 사람에겐 행복한 투정으로 보여 질지도 모른다. 세상엔 어느 것 하나 소중하지 않은 것이 없다는 교훈도 관악산을 오르며 배운다.

산을 지키는 사찰도, 바람에 흔들리는 풍경소리도 산을 오르는 이에게 말한다.

자신의 자리에서 자리를 지키는 것이 열심히 사는 것임을. 말없이 자신을 송두리째 보여주며 가르친다.

누구하나 관심 가져 주지 않아도 계절마다 변화는 숲에 모든 생명체들이 그 진리를 답변이라도 하듯 자신의 모습을 보여주고 있다. 우리가 그들을 홀대해도, 관심을 가져주지 않아도 투정하지 않는다. 자신의 자리를 지키고 있을 뿐.

산행을 하며 나무 이름, 야생화 이름도 공부하게 되었다. '이름 없는 꽃', '이름 없는 나무' 라 부르기가 미안해. 세상에 자신의 이름이 없는 생명체가 어디 있을까?

우리가 그들에게 관심이 없어 이름을 모를 뿐. 만나는 나무와 들꽃에게 이름을 불러주니 그들도 내게 한 발짝 다가오는 느낌이 드니 산행의 즐거움도 배가 되었다.

산을 오르며 산을 지키고 있는 나무들에게, 바위들에게, 작은 들꽃들에게 말을 건다.

이별하는 순간까지 땅에 떨어져 다시 나무에게 자신을 던지는 낙엽처럼 현재의 삶에 최선을 다하는 나무의 삶을 배운다. 혹 살다가 힘들 때 내 자신을 토닥여 줄 수 있는 힘이 되리라 믿으며. (2015)

산행일기 5

- 중국 적산법화원에서 장보고를 만나다

중국하면 연암 박지원의 『열하일기』가 생각난다. 역사적으로도 현재도 가깝고도 먼 나라. 비행기가 아닌 여객선으로 10/21~24, 3박4일간 중국을 다녀왔다. 산악회원 112명이 함께 간 산행과 트레킹을 겸한 여행이었다. 처음으로 타본 여객선 화동페리호는 상상한 것 보다 컸다. 인천 국제여객 터미널에서 4시에 승선을 했는데 출발은 저녁9시였다. 여객선 특성상 사람을 먼저 승선시킨 후 컨테이너를 적화(積貨)하기 때문이란다. 무려 5시간동안이나 배에 있었는데 전혀 지루하지 않았다. 식당에서 저녁을 먹고, 선상 나이트클럽에서 산악회원들 장기자랑을 하고, 면세점 쇼핑을 하다 보니 시간이 금방 지나갔다. 배 멀리를 해서 걱정을 했었는데 생각보다 심하진 않았고, 비행기를 탔으면 좌석이 좁아 답답하고 불편했을 텐데 잠자리도 편하고 좋았다.

다음날 아침을 배에서 먹고 석도항에 내렸다. 비가 추적추적 내려 바위가 많은 철차산은 위험해 산행을 다음날로 미루기로 하고 장보고 유적지인 적산을 갔다.

비가 추적추적 내리는 석도의 풍경을 뒤로하고 적산으로 향하며 버스에서 바라보는 풍경은 대륙에 왔다는 것을 실감할 수 있었나. 사동차 운송트레일러는 20대가 넘는 자동차를 싣고 달렸고, 우리나라 아파트를 연상시키는 주택은 모두 태양광을 설치한 모습이 인상적이었다. 커다란 국토를 자랑이라도 하는 듯 건물마다 상상을 초월할 만큼 커다란 간판이 눈길을 끌었다.

도착한 적산(赤山)은 우리나라에서 흔히 볼 수 있는 집근처에 야산과 흡사해 중국이 아닌, 집근처 앞산을 오르는 착각이 들었다. 오락가락하는 비로 인해 바위가 미끄러워 조심스러웠지만 들꽃도, 억새도, 멀리서 피어오르는 물안개와 운무도 아름다워 산을 오르는 수고가 아깝지 않았다. 바위가 붉은 색을 띤다고 해서 붙여진 이름 적산은 당나라 때 장보고가 세운 법화원으로 더 우리에게 알려져 있다. 산행중 보니 곳곳에 안내판이 한글로 되어 있어 반갑고, 우리나라 사람들이 많이 찾는 다는 것을 알 수 있었다.

법화원은 우리나라에서 보는 사찰과 많이 달랐다. 여례상과 불상도 우리나라 불상보다 몇 배나 크고, 처마 밑에 풍경 대신 종이 있는 것도 특이했다. 우리나라 불상이 『반지의 제왕』의 '호빗'이라면 중국 불상은 소인국의 걸리버라고 할까? 적산법화원의 가장 큰 볼거리는 거대한 관음상을 중심으로 구성된 분수쇼와 불쇼다. 우리나라의 사찰이 상업적인 공연을 하지 않는 것과 다르게 중국은 7~8층의 높이의 빌딩과 비슷한 관음상을 중심으로 공연을 했다. 장중한 음악과 함께 엄청난 크기의 관음상이 천천히 움직이며 물과 불을 토해내기 시작했다. 종교도 나라에 따라 이렇게 상업적으로 변할 수 있다는 게 신기했다. '이런 변화가 사회주의 국가인 중국이 자본주의를 받아들이는 시발점일까?'하는 의문과 함께.

관음 분수 쇼를 본 후 장보고 기념관을 들렸다. 신라인 장보고의 기념관을 우리가 아닌 중국에서 건립했다는 걸 어찌 받아들여야하나 한 생각과 함께 우리나라가 아닌 중국에서 신라시대 유적을 만나고, 인물을 만난다는 게 감동적이었다. '장보고와 신라인들은 이 곳에서 떠나온 나라를 생각하며 불공을 드렸을까?'하는 생각과 함께.

적산 트레킹을 마친 후 호텔에서의 저녁은 상상이상이었다. 해물샤브샤브였는데 한국이었다면 가격 때문에 먹지 못했을 맛과 양이었다. 덤으로 서비스까지 좋았다. 중국에서의 첫날은 맛난 음식과 시간을 거슬러 역사 속 인물을 만난 즐거움으로 행복했다.

둘째 날, 6시30분 기상이라는 이른 아침식사에도 모두들 부지런하게 일어나 식당으로 모였다. 전날 트레킹의 피곤함은 맛난 음식으로 모두 치유가 되었는지 모두들 밝은 얼굴들로 배낭을 메고, 부지런하게 아침을 먹고 차량에 탔다. 전날 비가 온 탓인지 조금 쌀쌀한 날씨는 산을 오르는 동안 움츠리게 만들었지만 산행을 포기하진 않았다. 철차산이 바위가 많고, 바람도 강해 오르는 동안 힘들었지만 힘든 만큼 멋진 풍광이 반겨주었다. 산 곳곳에 숨어있는 바위들도 멋지고, 산행 중 바라보는 중국이라는 나라도 우리나라에서 볼 수 없는 멀리 펼쳐진 지평선이 인상적이었다. 산행 중 만난 버섯을 채취하던 아저씨들과 무거운 자루를 들고 산에서 쓰레기를 줍던 청소부 아저씨도 우리나라에서 자주 볼 수 있는 이웃집 아저씨 같아 더 정겨워 보였다. 우리나라처럼 등산로가 잘 정비되어 있지는 않았지만 곳곳에 한국어 안내판이 있는 것을 보면 철차산도 우리나라 사람들이 많이 찾는다는 것을 알 수 있었다. 산에 있는 소나무도, 가끔 풍기는 거름냄새도 어린 시절 시골 풍경을 떠오르게 했다. 하산 길 질척한 황토 흙은 발걸음을 힘들게 했지만 이 또한 추억으로 남을 것이다.

하동페리호에서 2박, 호텔에서 1박, 3박 4일 여행의 마지막 1박을 남기고, 버스에 올라 가이드의 안내로 농산물 쇼핑을 했다. 말이 쇼핑이지 7시간이나 기차를 타고 와서 알바를 한다는 아들 또래 가이드의 말에 우린 예상에 없는 농산물을 많이도 샀다. 아마 가이드가 우리에게 잠자는 동정심을 깨우기 위해 일부러 그러지는 않았나 하는 의심이 싹트기는 했지만 여행이니까 너그러워지기로 했다. 참깨, 공자의 술이라 불리는 '공부가주', 땅콩 등 손에 지인들에게 줄 농산물을 들고, 오후 늦게 하동페리호에 승선했다. 승선 후 저녁을 먹고, 한참이 지난 후 배는 출발했다. 우리와 함께 온 보따리상들도 중국에 들어올 때보다 더 커다란 보따리를 들고 배에 올라 우리와 함께 저녁을 먹었다. 우리가 술잔을 기울이며 여행에 즐거움을 이야기할 때 그들은 이번 뱃길에 얼마만큼이 남았는지 그들의 이익을 계산했다. 내가 이번 중국여행을 통해 새로운 만남들로 행복했듯이 보따리상들도 이번 중국행이 그들에게 행복한 이익으로 남았길 빌어본다.

배가 점점 중국 땅에서 멀어지니 신라에 장보고도, 조선에 박지원도 중국을 보며 무슨 생각을 했을까? 궁금하다. 내가 생각했던 것보다 더 크고, 더 알고 싶은 중국. 내가 다시 중국에 다른 곳을 찾을 땐 어떤 모습으로 다가올지 궁금하다. 난 중국에 어떤 모습을 보게 될까도.

배가 인천항에 도착한 후에도 점심때가 다 되어 내렸다. 승선할 때는 사람이 먼저, 하선할 때는 컨테이너가 먼저라고 해서. 배에서 바라보는 인천항은 여행객으로, 보따리상인들로, 끝없이 내려지는 컨테이너로 인해 북적였다.

여행은 늘 새로운 것에 대한 기대와 만남으로 설렌다. 하지만 여행을 하면서 늘 깨닫게 되는 것이 있다. 사람이 사는 곳은 그 곳이 어디든 별반 다르지 않다는 깨달음이다. 다만 사는 모습이 다르고, 조건에 따라 먹는 음식이 다를 뿐. 만나는 사람들의 모습도, 그들의 미소도 우리와 같다. 도시와 다르게 도시를 벗어날수록 사람들의 표정이 더 밝고, 여유롭다는 것을 알 수 있다. 아마도 평화로운 풍경들이 사람들의 마음까지도 평화롭게 하는 것 같다. 내가 3박 4일에 중국여행을 통해 좋은 것들만 봤듯 그들 눈에 비친 내 모습도 좋은 모습으로 보여줬기를 바란다. 그들에게 비친 내 모습은 내가 아닌 한국 사람으로 인식되었을 것이니. (2016)

PART 4

나의 독서습관은 좋아하는 작가의 작품만을 골라 읽는 것이다. 때론 이런 습관이 좋은 점도 있지만 한 작가만을 읽다보니 사고의 범위가 한정됨을 느낀다.

우리들의 행복한 시간은 어디에 있을까?

- 공지영의 '우리들의 행복한 시간'을 읽고

나의 독서습관은 좋아하는 작가의 작품만을 골라 읽는 것이다. 때론 이런 습관이 좋은 점도 있지만 한 작가만을 읽다 보니 사고의 범위가 한정됨을 느낀다.

작가 공지영을 좋아한다. 평론가들이 그녀의 소설이 대중성은 획득했으나 통속적이고 접근방식이 센티멘털하다는 혹평도 있지만 책을 읽고 판단하는 것은 독자의 몫이다.

올해 많은 사람들을 울게 만들었던 영화 '우리들의 행복한 시간'을 관람하지 못해 책으로 읽었다.

소설 '우리들의 행복한 시간'은 우리 사회의 이슈인 '사형제 폐지'와 '성폭력', '근친상간'을 다룬 작품으로 여성작가이기 때문에 더 여자의 심리를 잘 묘사했다는 생각이 든다.

늘 사고가 일어나면 피해자임에도 가해자로 모는 우리 사회의 문제와 그 피해가 한 여자의 인생을 얼마나 망가뜨리는지를 나타내고 있다.

또 영화를 관람하지는 못했지만 영화의 남녀 주인공을 맡았던 영화배우 강동원과 이나영이 윤수와 유정의 이미지에 가장 흡사하다는 생각도 했다. 아마도 영화감독이 소설속의 윤수와 유정의 모습을 잘 그려내어 영화도 많은 관객들의 호응을 얻었을 것이다.

그러고 보면 공지영의 '우리들의 행복한 시간'은 소설로도 영화로도 많은 사람들의 공감을 얻은 작품이다. 재미도 있고, 무거운 주제를 이해하기 쉽고, 공감하기 쉽게 표현한 방법도 그렇고. 사람들이 소설을 읽고, 영화를 관람하고 우리 사회의 음지에 대해, 사형제도에 대해 관심을 갖게 될 것이다.

또 누구도 주인공 윤수의 사형이 정당하다고 생각하지 않을 것이다. 또 많은 사람들이 내가 만약 윤수와 같은 입장이라면 난 과연 어떠했을까를 한 번쯤 생각해보지 않았을까? 요즘 우리 사회에 빈번히 발생되는 많은 범죄들. 그 범죄들을 저지르게 만든 것은 우리사회의 잘못된 구조 때문이 아닐까 하는 반성과 함께.

사람은 누구나 행복하게 살고 싶고 행복하게 살 권리가 있다. 하지만 그 권리가 다른 사람으로부터 침해를 받는다면 어떻게 될까? '우리들의 행복한 시간'을 읽고 많은 사람들이

'사형제 폐지'에 대해 관심을 갖게 되길 바란다.

아직도 세계적으로 찬·반을 불러일으키는 사형제 폐지론. 우리나라는 아직도 사형제도가 존재하는 나라다.

우리 속담에 '죄는 미워하되 사람을 미워하지는 말라'는 말이 있다. 한 번쯤 입장을 바꾸어 생각해보는 것은 어떨까? 우리가 과연 다른 사람의 잘못을 판결하고 생명을 빼앗을 권리는 있을까? 혹 잘못된 판결로 억울하게 피해를 받는 사람은 없는 걸까?

모든 사람에게서 버림받고 거리에서 차갑게 죽어간 은수, 그 모습을 지켜보았던 윤수, 누구 한 사람만이라도 윤수와 은수를 따뜻하게 대해주었더라면 윤수가 사형수가 되지는 않았을 것이다.

그런 윤수가 모니카 수녀님을 좀 더 일찍 만났더라면 얼마나 좋았을까하는 안타까움이 책을 읽는 내내 들었다. 또 유정이도 자신의 상처를 자책하지 말고 자신을 좀 더 사랑했더라면 하는 안타까운 마음과 함께.

유정과 윤수가 행복했던 시간은 교도관이 지켜보는 좁은 면회실에서 자판기 커피를 마시는 짧은 시간이었다.

유정은 윤수를 통해 자신을 치유하고, 윤수는 유정을 통해 사랑을 배우고 삶에 애착을 느끼게 된다. 하지만 유정이 윤수의 구명 운동을 하는 동안 윤수는 사형을 당한다.

우리의 삶도 유정과 윤수와 같지 않을까. 깨달음을 느꼈을 때 시간이 너무 늦었음을 자각하게 되고, 살면서 어느 한 순간 행복하다고 느끼고 세상과 화해하는 순간 우리가 죽음을 맞게 되는 것이.

좋은 작품이라고 해도 독자가 외면하면 세상에 나온 의미가 없다. 작가 공지영은 많은 독자들에게 어려운 주제를 쉽게 접근할 수 있게 도와준다.

페미니즘을 대표하는 작품으로 꼽히는 '무소의 뿔처럼 혼자서 가라', 여자들에게 착한 여자 콤플렉스에서 벗어나라고 외치는 '착한 여자', 장애인 시설의 성폭력을 고발한 '도가니' 등, 우리사회에서 여자들의 부당한 대우를 고발하는 작품을 많이 썼다.

그렇지만 그런 작품들이 여성들의 부당한 삶을 고발하는 차원에만 있지는 않을 것이다. 지금까지의 부당한 삶이 정당한 대접을 받고 아직도 고통 받는 많은 여성들이 당당한 삶을 살기를 희망하는 작가의 마음이 깃들어 있다고 본다.

살면서 늘 내 자신에게 묻는다. 나의 행복한 시간은 언제인가.......

아이들이 내가 해준 음식을 맛있게 먹을 때, 읽고 싶은 책을 다 읽었을 때의 뿌듯함, 힘든 산행 끝에 정상에 도달했을 때의 성취감 등.......

사람마다 느끼는 행복지수는 다를 것이다. 하지만 살아 있어 맑은 하늘을 볼 수 있고, 사랑하는 가족과 함께 할 수 있음이 우리들의 행복한 시간은 아닐까? (2007)

우리 시대의 몽실 언니는 어디에?

– 권정생의 '몽실 언니'를 읽고

아카시아 향과 장미꽃이 싱그러운 계절이다. 산과 들은 모두 저마다의 일로 분주해 신명나는 5월. 모내기를 앞두고 논에 가두어 놓은 물은 멀리 산 그림자를 드리우고, 그 얕은 물살을 밟고 여름은 우리에게 온다.

분주히 물길을 끌어 올렸던 나무들은 한껏 자란 초록의 잎

사귀를 달고 이른 여름 채비에 한창이다.

축제의 5월이 가고 6월이 오면 우린 지난 53년 전의 슬픈 기억을 떠올리며 숙연해진다. 해마다 6월이 오면 각 학교나 단체에서 '호국보훈', '6.25전쟁', '반공'에 대한 글쓰기를 한다. 아이들의 글쓰기를 가르치다보니 나도 함께 하게 되는데 '호국보훈'이나 '반공', '6.25'전쟁 대해 이야기를 하게 된다. 내가 6.25전쟁을 직접 겪은 세대는 아니나 70년대와 80년대에 중·고등학교를 다닌 우리 세대들은 귀가 아프게 반공교육과 교련이라는 교과목이 있어 훈련을 받았다. 반공교육도 얼마나 투철하게 받았는지 우리와 이념이 다른 사람들은 도깨비쯤 되는 것으로 착각을 할 정도였다. 하지만 이념의 시대가 붕괴된 요즘엔 아이들에게 반공교육이나 6.25 전쟁 참상에 대한 교육이 미비한지 아이들은 잘 이해를 하지 못한다. 그래서 아이들에게 쉽게 이해할 수 있게 하기 위해 택한 방법이 그 시절의 어려웠던 우리의 이야기를 쓴 동화 읽히기다.

어려웠던 시대를 이야기로 쓴 동화는 많이 있다. 하지만 난 어린이들의 맑은 마음과 순수한 정서로 그렸음에도 거부감 없이 쓴 권정생 선생님의 동화를 아이들에게 많이 읽게 한다. 「몽실 언니」, 「점득이네」, 「초가집이 있던 마을」은 6.25 전후의 이야기를 어른들의 시선이 아닌 아이들의 눈높이에 맞추어 쓰였기 때문에 어려움 없이 이해할 수 있으리라 생각하기 때문이다. 또한 우리가 잘못 알고 있는 미국에 대한 오류도 무조건 우리를 도와주는 고마운 나나라는 인식에서 탈피하여 바로 볼 수 있다. 이런 인식을 심어주는 좋은 동화라는 생각이 들어 초등학교 고학년과 중·고생들에게 읽기를 권한다.

나는 권정생 선생님의 글을 좋아한다. 선생님이 쓰신 동화는 위리 시대의 아프고 다루기 힘든 과거를 어느 한편으로도 치우치지 않고 잘 그려냈다는 생각이 든다. 또 우리가 소홀

하기 쉬운 사소한 것에서도 많은 교훈과 의미를 담은 동화를 많이 쓰셨다.

특히 「몽실 언니」는 요즘 같이 자식을 버리고 형제간의 우애가 사라지고 있는 때에는 우리 모두를 반성하게 하는 동화이다.

소년소설인 「몽실 언니」는 어린 몽실이가 재혼한 엄마와 새아버지에게 폭행을 당해 불구가 되고 버림받지만 누구도 원망하지 않고 어려움을 견디며 살아가는 이야기다. 어린 몽실은 새엄마가 아기를 낳고 죽자 젖먹이 어린 동생을 엄마 대신 동냥을 해 암죽을 쑤어 먹이며 전쟁에 나간 아버지를 기다린다. 남의집살이를 하며 기다린 아버지는 불구가 되어 돌아오고 몽실은 아버지까지 부양해야 하는 어려운 상황에 놓인다. 하지만 그 상황에서도 좌절하지 않고, 남에게 기대지 않고 씩씩하게 살아간다. 그러던 어느 날 병석에 계신 아버시도 길에서 돌아가시자 어린 동생 난남이를 데리고 남의 집살이를 하며 꿋꿋하게 살아간다.

요즘같이 자신의 행복을 위해 자식을 버리고, 친형제지간에도 서로 다투고 사는 때에 「몽실 언니」는 우리에게 많은 교훈을 준다.

「몽실 언니」는 동화 속의 이야기가 아니다. 어렵던 시절 우리 모두는 몽실 언니였다. 어렵지만 서로를 돕고, 믿으며 희망을 안고 사는 모두가 몽실 언니였다. 하지만 그 시절보다 모든 것이 풍족한 요즘 더 보듬어ㅗ 안고 살아야할 우리들은 서로의 것을 탐하며 다투고 있다. 부족한 한 끼 끼니도 남에게 베풀며 살았던 몽실 언니는 어디로 갔을까?

해마다 6월이 오면 아이들과 함께 글쓰기를 하며 몽실 언니를 생각한다. 난 6.25를 직접 체험한 세대도 아니고, 배고픔을 느끼며 산 전후시대도 아니다. 하지만 지금의 아이들이 반공이 뭔지, 6.25가 뭔지, 왜 나라를 사랑하고 지켜야 하는지를 물어 올 때면 장황한 설명대신 권정생 선생님의 「몽실 언니」나 「점득이네」, 「초가집이 있는 마을」을 건네며 읽어 보고 이야기를 나누자고 한다.

요즘은 98년 IMF 때보다 경기가 어렵고, 각종 노사분규로 인해 사회가 시끄럽다. 그들 모두는 나름대로의 명분이 있다. 하지만 난 거창한 구호나 조건보다는 좀 더 서로의 입장을 이해하고 감싸 안을 줄 아는 포용력이 필요하다고 본다. 분명한 것은 지금보다 더 어렵고 힘들었을 때에도 우린 몽실 언니처럼 서로 돕고 의지하며 살았다는 사실이다. 그 시대의 여러 몽실 언니가 지금 우리가 누리고 있는 풍요를 안겨주었다고 생각한다. 지금 우리 모두의 행동은 아이들에게 설명하기 부끄럽다, 우리 아이들에게 말한다.

"서로 양보하고, 이해하고, 돕고 살라고."

하시반 지금 우리의 행동을 보고 아이들은 무슨 생각을 할까 걱정스럽다.

해마다 6월이 오면 외치는 나라사랑, 통일…. 서로의 욕심 때문에 다투는 부끄러운 모습만 보여주면서 아이들에게 나라사랑이나 통일을 운운하며 글쓰기를 강요하는 것은 모순일 것이다,

지금도 나와 몽실 언니를 만나는 아이들이 먼 훗날 어려운 상황에 처할 때 몽실 언니를 생각하며 어려움을 극복하였으면 좋겠다. 또 가슴속에 몽실 언니를 키우며 살기를 바란다.

논에 가두어 놓은 얕은 물살에 심어진 가늘고 여린 모 포기처럼 어린 아이들에게 우리 모두는 몽실 언니가 되어야 한다는 것을.

6월 들녘을 바라보니 따가운 햇살을 받으며 누군가 걸어오는 듯하다. 어린 동생을 업고 다리를 절룩이며 배고픈 6월의 흙길을 걸어 몽실이가 오고 있는 것 같다. (2003)

너무 흔해서 소중함을 잊은 사람들에게

- 박완서의 『보시니 참 좋았다』를 읽고

우리는 살아가면서 가끔 너무 흔해서 소중함을 잊는 경우가 많다. 물 한 방울, 공기 한줌 어느 것 하나 소중하지 않은 것이 없음에도 자주 그런 것들의 고마움을 잊고 산다. 정작 그런 사소하지만 정말 소중한 것들을 이억하지 못하고 있는 것이다.

무심함 속에서도 가을이 소리 없이 왔다. 산빛은 노랗고 빨갛게, 물빛은 희고 시리게 빛이 나는 가을이다. 물빛 가을 하늘을 보며 얼마 전 읽은 박완서의 『보시니 참 좋았다』의 동화 속 성당벽화를 떠올린다. 갑자기 찾아온 가을처럼 이 동화는 우리들의 무심함을 일깨워주는 책이다.

살아가면서 너무 가까워서, 때론 너무 넘쳐서 소중함과 감사함을 잊고 살았다.

부모들은 자식이 있음에 감사함을 잊고 그들에게 과분한 욕심을 부리고, 자식은 키워준 부모에게 끝없는 요구를 한다. 부모들은 누구나 자식이 건강하게 자라는 모습을 보며 행복해 한다. 세상 무엇과도 바꿀 수 없는 게 자식이라 했던가. 하지만 세상이 빠르게 변화하다 보니 가치관도 변해 자식에 대한 무조건적인 사랑도 바뀌고 있음을 자주 접할 수 있다.

사랑과 관심이 아니라 집착과 자신의 과시용으로 자식을 키우고 있다는 생각도 든다.

아이의 취향이나 능력은 고려하지 않고 무조건적으로 겉으로 드러난 것에만 집착한다. 이러다 보니 아이들은 아이들 나름대로 스트레스에 시달려 가출을 하거나 중도에 학업을 포기하는 경우도 종종 생긴다.

내가 만난 한 아이도 학교에서 무엇이든 잘하는 뛰어난 아이였다. 내가 그 아이에게 관심이 있었던 건 단지 학업성적이나 글쓰기를 잘해서는 아니다. 어쩜 그리도 남을 배려하고 생각하는 마음이 깊은지 중학생이라고는 믿기 어려웠다. 또 자신이 모두가 부러워할 만큼 학업성적도 뛰어났지만 겉으로 내색하지 않았다. 하지만 그 아이의 엄마는 그래도 아이에게 끊임없이 또 다른 요구를 했다. 남들이 다 부러워하는 특목고에 진학을 하였음에도 뭐가 그리 부족하다고 느꼈는

시 아이의 엄마는 늘 아이에게 불만을 표시했고 아이는 정신적 스트레스로 인해 병원에 입원과 퇴원을 반복하다 어느 날 가출을 했다.

끝내는 학교를 자퇴하고 지금은 유학을 준비 중이다. 하지만 과연 유학을 가선 엄마의 욕심이 줄어들까? 아이는 남들이 다 부러워할 특목고에 진학한 똑똑하고 당찬 아이였다. 하지만 엄마의 욕심은 아이를 인정하지 않았다. 이러한 부모의 욕심으로 인한 좋지 않은 일들은 신문이나 텔레비전을 통해 그렇게 빠르게 전해지는지 무섭고 비인간적으로 느껴지기도 한다.

세상 모든 것은 나름대로 존재 가치가 있다. 사람은 사람대로, 동물은 동물대로, 물건은 그 물건 그 쓰임에 따라….

어떤 것이 더 가치가 있다고 우열을 가리기는 힘들다. 사람마다 소중한 무엇이 다 다르기 때문이다. 모두가 존재 가치를 갖고 세상에 태어났다. 하지만 그 가치를 인정받기 위해선 본인의 노력도 필요하지만 주변 사람들의 변함없는 관심과 사랑이다.

집에서 애지중지 키우던 반려견도 버려지면 유기견이 되어 천덕꾸러기가 된다. 어찌 반려견뿐일까? 소중하게 쓰던 물건 하나도 버려지면 쓰레기가 되어 환경을 오염시키는 물건으로 전락하고 마는 것을.

박완서의 『보시니 참 좋았다』의 성당벽화도 평범한 어린아이의 습작 그림을 유명한 벽화로 만든 건 오랜 세월 동안의 사람들의 변함없는 사랑이었다.

아주 가난한 소년이 그림 그리기를 좋아한다는 사실을 안 한 신부님은 소년에게 화구를 선물하며 뭐든지 소년이 그리고 싶은 것을 그리라고 한다. 하지만 소년은 아무리 뭐든지 그리고 싶어도 그때까지 소년이 보고 자란 것 밖에 못 그렸다.

시골에서 흔히 볼 수 있는 들꽃과 푸성귀, 날짐승과 들짐승, 물고기와 곤충들….

전문적으로 그림 공부를 한 적도 없는 소년이 그린 그림을 신부님은 소년의 눈높이에 맞춰 보며 이해하고 인정해 주었다.

요즘 우리들은 사회 곳곳에서 자신의 잣대로 사람을 재며 평가하는 사람들을 본다. 그러다 보니 자신과 조금만 의견을 달리하고 눈높이가 다르다고 비방하고 따돌린다. 자신들이 최고라고 목소리 높여 소리치며 다른 사람들은 인정하지 않는다. 조금만 서로의 눈높이에 맞춰 바라보고 인정해 준다면 소년의 그림처럼 모두 다른 모습을 가지고 있지만 서로 보기 좋은 그림이 될 수 있음을 모르고 산다. 세상은 혼자는 살아갈 수 없다. 소년의 그림처럼 서로 어울려 살아갈 때 행복을 느낀다. 부모와 자식, 친구와 동료들과 함께….

소년의 벽화에 나오는 들꽃, 푸성귀, 날짐승과 들짐승, 물고기와 곤충들과 함께 어울려 있어야 한다. 서로의 존재를 인정해 주어 어울릴 것 같지 않은 것들이 서로 어울려 멋진 벽화를 이룬 것처럼.

명품도, 명작도 끊임없는 관심과 사랑이 없으면 탄생하지 못한다. 서로에 대한 끊임없는 관심과 사랑이 우리가 살아가는 세상을 누가 바라보아도 '보시니 참 좋았다'가 되는 것은 아닐까?

책을 덮으며 할아버지가 된 소년의 말을 떠올린다.

"그 그림을 어떻게 내가 그렸다고 할 수 가 있겠니? 내가 그린 건 아주 미숙한 습작에 불과했는데 와 보니 평론가의 말대로 정말 좋은 그림이더라. 내 평범한 그림을 예술로 만든 건 오랜 세월과 사람들의 변함없는 사랑이었다. 명품으로 치는 골동품도 태어날 때부터 명품이었던 게 아니라, 세월의 풍상과 사람들의 애정이 꾸준히 더께가 되어 앉아야 비로소 명품이 되듯이 말이다.”

우리 모두는 명품을 가슴에 안고 산다. 명품이 되는 것도 명품을 만드는 것도 자신을 사랑하고 남을 사랑하는 마음에서 시작된다. 자신을 사랑하지 않는 사람은 남도 사랑하지 못하기 때문이다. 자신만이 최고가 되기 위해 남을 깎아 내리는 사람은 진정한 최고가 될 수 없다. 뒤에선 누군가가 또 그 사람을 깎아내리기 위해 준비하고 있을 테니.

오늘도 많은 사람들이 자신이 명품이 되기 위해, 자식을 명품을 만들기 위해 노력하고 있다. 하지만 자신뿐 아니라 모든 사람이 명품임을 잊지 말았으면 한다.

누구든 성당벽화의 주인공이기 때문이다. (2005)

폭포를 거슬러 오르는 은빛 연어를 꿈꾸며

– 안도현의 『연어』를 읽고

'연어'하면 떠오르는 것이 모천 회귀성이란 단어이다. 물고기로 태어나자마자 모천을 떠난 치어들은 먼 알래스카까지 헤엄쳐 갔다가, 알을 낳기 위해 자신이 태어난 곳으로 되돌아와 알을 낳고 죽는다. 그래서 작가는 연어가 마치 사람이 늙으면 고향을 그리워하며 고향으로 돌아가고픈 마음을 갖듯이 연어도 그렇다고 썼다.

한 번도 연어를 본 적이 없다. 하지만 안도현의 『연어』를 읽으며 상상으로 나만의 연어를 그려 보았다. 눈맑은연어, 은빛연어, 등굽은연어, 턱큰연어…. 이름만으로도 맑은 물속에서 유유히 헤엄치는 연어들의 모습이 쉽게 떠오른다. 투명한 햇살을 받으며 강물을 거슬러 오르는 힘겨운 사투를 벌이는 연어, 혹 세상에서 힘겹게 저마다의 삶의 최선을 다하는 우리들의 모습이 아닐까 하는 생각을 해 본다. 각각의 이름에서 상징하는 것도 인간의 삶의 단면을 보는 듯하다.

인간들의 환경오염으로 인해 자신의 의지와는 상관없이 등이 굽은 등굽은연어는 헤엄을 치고 싶어도 치지 못하는 고통을 안은 채 살아간다.

마치 몇몇 사람의 욕심으로 인해 피해를 보며 사는 이 사회의 단면을 등굽은연어를 통해 보여주는 것 같다.

은빛연어는 특이한 모습으로 인해 적으로부터 공격을 받을 위험이 있어 다른 연어들의 보호를 받으며 강으로 거슬러 올라간다, 그러던 중 눈맑은연어를 만나 사랑을 하게 되고, 등굽은연어로부터 아버지에 대한 이야기를 듣고 한 번도 본 적이 없는 아버지를 그리워한다, 아버지를 그리워하다 만난 징검다리. 은빛연어는 무뚝뚝해 보이는 징검다리를 통해 또 다른 세계를 배운다.

'짓밟히면서도 즐거워하는 것은 살아가는 이유가 분명하기 때문이야. 징검다리는 물의 흐름을 막지 않으면서도 의연하게 제 할 일을 다 하고 있구나.'

그런 징검다리를 보며 은빛연어는 자신은 너무도 가벼운 존재임을 깨닫게 된다. 우리가 많은 사람들의 수고와 목숨으로 바꾼 나라에 살아가면서 뒤늦게 그들에게 감사하는 마을을 갖는 것처럼.

드니어 알을 낳기 위한 최종 도착지인 초록 강에 도착하였으나 또다시 그들이 넘어야할 벽이 기다리고 있었다. 폭포를 거슬러 올라가야하는 힘겨운 여정…. 많은 연어들이 편한 길을 원했으나 은빛연어는 참다운 연어가 되기 위해선 힘겹더라도 어려운 길을 택해야 한다고 말한다.

"인간들이 만들어놓은 쉬운 길은 연어들을 위한 길이 아니야."

은빛연어의 말에 많은 연어들이 동참하고 알을 품은 눈맑은연어도 위험을 무릎 쓰고 은빛연어를 따른다. 대부분의 연어들이 성공을 하고 눈맑은연어도 은빛연어를 따른다. 대두분의 연어들이 성공하고 눈맑은연어도 은빛연어와 함께 성공한다. 그 후 눈맑은연어는 알을 낳고 은빛연어와 함께 숨을 거둔다.

책을 놓는 순간 초록강과 강을 거슬러 오르는 연어들의 투명한 비늘이 떠오르는 맑고 깨끗한 이야기다, 각각의 연어들의 삶이 우리들의 삶을 이야기하는 것 같기도 하다. 과연 나는 어떤 연어에 가까운 사람일까? 하는 생각을 해본다. 고향이란 단어는 내 세대가 아닌 어머니, 아버지 세대들만이 지니고 사는 일종에 환상이라고 생각했었다.

우리들의 삶도 어떤 사람은 조금 반칙을 하더라도 남들보다 편하고 안락한 삶을 택하고, 어떤 사람은 조금 힘들고 어렵더라도 정도를 벗어나지 않는 바른 길을 택한다. 어떤 길을 택하던지 본인이 자신에게 부끄럽지 않는 삶을 사는 것이 중요하다. 나도 이 책을 읽고 생각해 본다. 과연 내 자신은 바른생활을 하고 있는지, 혹 다른 사람들에게 부끄러운 행동이나 상처를 주는 말을 하지는 않았는지 하는 반성과 함께.

늘 긍정적인 사고와 행동을 실천한 은빛연어에게 박수를 보내며 나도 은빛연어와 같은 부끄럽지 않은 삶, 최선을 다하는 삶을 살 수 있기를 소망해 본다.

또 나뿐만 아니라 내 주변의 모든 사람들이 은빛연어와 같은 맑은 마음과 정신을 가질 수 있기를 바란다.

혹 살다가 어려운 일이 닥칠지라도 폭포를 거슬러 오르는 연어들의 모습을 떠올리며 현실의 어려움을 극복하길 내 자신에게 말한다.

'연어'라는 말 속에는 강물 냄새가 난다. 라고 말한 작가처럼 나를 떠올리는 사람들이 아주 맑고 깨끗한 이미지로만 나 자신을 기억하기만을 간절히 소망해 본다.

오늘도 폭포를 거슬러 오른 은빛연어의 정신이 내게도 깃들길 바란다. (2005)

유년을 추억하며

– 오영수의 『요람기』를 읽고

책이 너무 귀해 책에 목마르던 때가 있었다. 그때의 내 소원은 빨리 커서 어른이 되면 읽고 싶은 책을 산더미처럼 쌓아놓고 어느 때나 마음껏 읽는 일이었다. 그리고 더 여유가 되면 내 소유의 작은 서재를 갖는 것이었다.

내가 이런 이야기를 할라치면 두 아들과 나에게 수업을 듣는 아이들은 도서관에서 공짜로 빌려보면 될 걸 왜 책을 꼭 사서 읽어야 하느냐고 묻는다.

내가 어린 시절에는 책이 귀했다. 그리고 작은 면소재지에 살았지만 농사를 지으며 힘겹게 우리 삼남매를 키우는 부모님에게 책을 사 달라고 말하기가 그리 쉽지 않았다. 또 그땐 도서관이나 서점을 구경하기도 힘들었다. 어쩌다 리어카에다 헌 동화책을 싣고 다니며 파는 아저씨 덕분에 한 달에 한두 번 책을 볼 수 있는 것이 전부였다. 그땐 왜 그렇게 책이 읽고 싶었던지 활자화된 건 무엇이든 읽었다. 친척집에서 화장실 휴지로 쓰려고 걸어두었던 성인잡지까지 집어와 읽다가 아버지께 들켜 무지하게 혼이 났던 일도 있었다. 그땐 내용이 유익한지 그렇지 않은지 분별이 되지도 않았고 무조건 닥치는 대로 읽었다.

그 시절 책에 대한 목마름이 오늘의 나를 만들지 않았을까,

늘 책을 읽으며 생활할 수 있으니 어릴 적 꿈이 이루어진 것이 아닌가 하며 스스로 행복해 한다.

아이들과 글쓰기 수업을 하다 보면 예전에 읽었던 책을 다시 읽게 되는 경우가 많다. 그러면 그때의 감동과 지금의 감동이 다름을 느끼며'나도 이젠 나이를 먹었구나' 하는 실감을 하게 된다. 예전엔 감정에 빠져 눈물을 흘렸던 작품도 요즘 다시 읽으면 그때 내가 왜 그랬지 하는 생각을 하게 된다. 또 예전엔 그냥 무덤덤하게 읽었던 작품들이 커다란 감동으로 다가와 며칠 동안 머리에서 떠나질 않을 때가 있다. 오영수의 『요람기』도 그 중의 하나이다. 책을 읽으며 내려놓는 순간까지 어릴 적 외갓집 앞마당에서 모기향에 취해 외할머니 무릎을 베고 누워 밤하늘에 별을 세던 기억이 떠올랐다. 이젠 외할머니도 돌아가셔 그때로 다시 돌아갈 수 없는 데

그땐 왜 소중한지 몰랐을까 하는 안타까움과 함께….

내가 감동적이고 좋은 책이라며 아이들에게 권하면 아이들은 재미없는 책이라며 반기를 든다. 그럴 때면 내가 벌써 아이들에게 따돌림을 받는 나이가 되었나 하는 서운함과 함께 내 자신을 되돌아보게 된다.

『요람기』는 요즘 같이 복잡한 삶을 살아가는 현대인들에게 있어 어릴 적 고향의 정취와 풋 내음 나는 사랑을 느낄 수 있게 하고, 엄마 품속 같은 포근한 향수를 보듬을 수 있는 행복을 만끽하게 된다.

작가 오영수는 주로 한국적인 소박함을 기초로 서민층에 애정을 가지고 작품 활동을 펼친 전형적인 단편작가다. 각박한 현실을 온화한 인정의 입김으로 되살려 내어 삶의 온갖 모습에 애정을 갖게 하며, 친근하고도 맑은 문체와 서정적인 흥취, 서민적인 따뜻한 정감이 그의 작품세계의 특색을 이룬다.

현실을 지나치게 미화하고 환상에 사로잡힌다는 비난을 받기도 했지만 일부 작품에서는 날카로운 현실비판을 느낄 수 있으며, 때로는 증언의 형식으로, 때로는 폭로나 풍자의 형식으로 표현해 주고 있다.

산간 마을 어린이들의 소박한 생활이 추억의 형식으로 그려져 있는 『요람기』는 글을 읽는 이에게 어릴 적 엄마 품 같은 따뜻한 고향을 추억하게 만든다.

기차도 전기도 없고, 라디오나 영화도 모르는 산골 마을 아이들의 생활을 있는 그대로 맑고 깨끗하게 작가는 그려내고 있다. 어쩜 요즘 아이들이 읽으면 생소하리만치.

이야기의 시작은 산골짜기의 눈이 녹아내리기 시작하는 봄부터의 아이들의 일상적인 놀이생활을 작은 사건의 단면으로 그려내고 있다.

까마귀 고기를 먹으면 '까루룩' 하고 뛰게 된다는 동네 나이 많은 머슴에게 속아 도망가던 일, 여름 한 낮에 그늘진 평상에 누워 왕매미는 '지이지이', 참매미는 '새이룽 새이룽', '시옷 시옷' 울던 무당매미, '맴맴맴 맴부랑' 울던 이름 모를 매미의 울음소리를 듣는 아이, 콩이 익으면 콩가지 꺾어서 콩서리 해 먹으며 놀던 모습도 그려져 있다. 요즘 같이 빠르게 전개되는 동화나 소설에 익숙하다보면 너무 단순할 수도 있는 작은 일상들이 아름다운 한 폭의 수채화를 보듯 그려지고 있다. 동화의 마지막은 겨울이 되어 연날리기를 하다 정월보름날 가지고 놀던 연을 하늘 멀리 날려 보내면서 끝을 맺는다.

책을 읽으며 어릴 적 동생과 창호지로 연을 만들어 어머니께 혼나던 일, 연줄이 끊어져 날아가 버린 연이 아깝다며 종일을 울던 동생을 떠올렸다. 다시는 그 때로 돌아갈 수도 없고, 만나고 싶은 동생도 세상을 떠나고 없지만 내 마음 한 구석에 아름다운 추억으로 자리 잡고 있음을 감사한다.

늘 학원과 공부, 도시의 콘크리트에 둘러싸여 살고 있는 아이들이 어른이 되었을 때, 무엇을 추억하며 보낼까, 아무리 산업화로 인하여 예전과는 다르게 변했다고 하지만 추억을 만들어주는 것도 우리 어른들이 할 일이 아닐까?

내 어머니와 아버지께서 나에게 많은 추억을 만들어 주셨듯이 나도 아이들에게 추억을 만들어 주어야할 책임이 있는 것은 아닐까?

아무리 힘겨웠던 추억도 살아가면서 어려움이 닥칠 때 힘이 된다. 하지만 요즘 아이들은 모든 것이 풍족한 생활을 하고 있지만 추억을 만들지 못하고 생활하는 것 같아 마음이 아프다. 과연 오랜 시간이 흐른 후 아이들이 추억할 수 있는 것은 무엇일까? 밤늦은 시간까지의 학원공부, 학교에서 빈틈없던 입시공부가 그들에게 아름다운 추억으로 기억될 수 있을까를 생각하면 마음이 아프다.

지금은 예전처럼 아이들이 마음 놓고 연을 날릴 장소도 시간도 없다. 하지만 추억은 그냥 만들어 지는 것이 아니라 노력에 의해서 만들어 진다. 그것을 만들어 주는 것은 어른들의 책임이고.

지금 당장은 어렵겠지만 언젠가 아이들도 오영수의 『요람기』를 읽으면서 아름다운 시골풍경을 떠올리며 자신의 어릴 적 추억을 그리워하길 바란다. 그런 아름다운 어릴 적 추억이 힘든 일을 겪을 때마다 힘이 되어 다시 일어설 수 있는 원동력이 되기를….

어느덧 세월이 흘러 난 그때의 어머니, 아버지의 나이가 되었다. 지금은 그때의 어린 개구쟁이 친구들은 어디에 있는지 바람이 불어 아이들이 날리는 연을 보노라면 어린 시절 친구들이 그립다. 들판을 함께 뛰어놀던 친구들의 모습도, 나의 어린 유년도…. (2005)

잃어버린 치즈를 찾아

-스펜서 존스의 『누가 내 치즈를 옮겼을까』를 읽고

올해는 예년에 비해 꽃 소식이 일찍 찾아왔다. 하지만 황사가 한치 앞을 바라볼 수 없을 만큼 기승을 부려 초등학교가 휴교를 하는 사태까지 벌어졌다. 뿌연 황사를 보며 몇 년 전 나라 전체를 황사만큼이나 암울하게 하고 한 치 앞을 보지 못하게 했던 IMF를 생각했다.

세계는 하루가 다르게 변했고, 우리 모두는 수 년 동안 미처 예상하지 못한 변화에 대처하기 위해 여러 가지 노력을 했지만 그에 대한 적절한 대응방법을 찾을 수 없었다. 황사만큼 암울했던 시간, 미로 속을 헤매던 사람들…….

얼마 전 내가 읽은 스펜서 존슨의 '누가 내 치즈를 옮겼을까'의 주인공 꼬마인간 헴과 허가 우리 국민 대부분의 모습이 아니었을까 하는 생각이 든다.

사람이라면 누구나 좋은 대학을 나와 안정적인 직장을 갖고 일생동안 편안하게 지내고 싶은 꿈을 꾼다. 그것은 거의 모든 사람들이 가장 이상적인 삶이라고 믿고 있고, 부모는 자식이 그렇게 살기를 바라고, 그 자식은 또 자신의 자녀가 그런 삶을 살기를 바란다.

『누가 내 치즈를 옮겼을까』의 시작은 시카고의 한 레스토랑에서 있었던 고등학교 동창모임에서 각자의 변화된 생활에 대해 담소를 나눈다. 그들 중 한 명이 두 마리 생쥐와 두 꼬마인간을 등장인물로 한 우화를 들려주는데서 이야기가 시작된다.

꼬마인간 헴과 허, 생쥐 스니프와 스커리는 어느 날 미로 속에서 치즈창고를 발견 그것을 즐기며 안정된 생활을 한다. 하지만 갑자기 창고 안에 치즈가 없어져 단순하고 비능률적인 시도와 실패를 반복하며 하던 일을 게을리 하지 않은 스니프와 스커리는 본능적으로 위기를 감지해 새 치즈창고를 찾으러 미로 속으로 떠난다. 그러나 매일의 변화를 주의 깊게 관찰하지 않고 현실 속에 안주해 있던 헴과 허는 현실을 도저히 믿을 수가 없었다.

'누가 내 치즈를 옮겼어?'

라고 생각하며 시간이 지날수록 치즈가 바닥이 났다는 것을 실감하면서도 그 자리에 주저앉아 어떻게 해야 되나하는 한

탄과 함께 많은 시간을 낭비한다. 이 모습은 IMF때 일자리를 잃고 거리를 배회하던 노숙자들과 안일하게 생활하던 우리 자신의 모습이 너무도 흡사한 것 같다.

막막한 미래에 대한 불안한 마음으로 과거의 즐거웠던 일만 생각하며 주위만 바라본다고 새로운 치즈가 우리 눈앞에 놓이는 것은 아니다. 꼬마인간들이 갈팡질팡하고 있는 사이 스니프와 스커리는 이미 수많은 시행착오 끝에 마침내 새로운 치즈창고에 도착했다.

이때 꼬마인간 허는 깨달았다. 사라진 치즈에 대해 집착하면 할수록 상황은 악화되기만 할 뿐 자신들에게 아무런 도움이 되지 않는다는 사실을….

이는 마치 뒤늦게 구조조정과 평생직장이라는 안일에 빠져 자신을 관리하지 않았던 우리들의 사회를 표현한 것 같다. 내 자신도 '나는 과연 어떤 사람일까?' 하는 생각을 하며 자신을 돌아보게 했다.

"우리 주위의 환경은 시시각각 변하고 있는데, 우리는 항상 그대로이길 원하지. 이번에도 그랬던 것 같아. 그게 삶이 아닐까? 봐, 인생은 변하고 계속 앞으로 나아가고 있잖아. 우리도 그렇게 해야 돼"

허는 약해진 친구를 바라보며 설득하려 노력했지만, 헴은 두려움이 분노로 바뀌어 허가하는 말을 들으려 하지 않았다. 허가 헴을 남겨두고 길을 떠나 역경을 이겨내면서 희망을 갖게 되었고, 미래 속을 헤매며 벽에 교훈을 남기면서 여행을 한다. 이는 아직도 과거에 대한 집착과 미래에 대한 불안으로 망설이고 있는 헴을 위한 것이기도 했지만, 허 자신을 위한 교훈이기도 했다. 그는 과거에 미련을 두지 않고 미래에 적응해 가고 있었으며, 지금까지 경험하지 못한 힘이 그를 더욱 빠른 속도도 달리게 했다. 마침내 허는 새로운 치즈를 발견하게 되고, 그 곳에 오래 전에 이곳을 발견한 생쥐 스니프와 스커리를 만나게 된다.

두 생쥐들과 꼬마인간들의 삶 중에서 어떤 삶을 사는 것이 바람직할까? 대부분은 생쥐들의 삶이라고 말할 것이다. 그렇지만 자신이 살고 있는 실제의 삶이 생쥐들의 삶과 비슷하다고 말할 수 있는 사람은 과연 몇 명이나 될까? 책 속의 치즈는 현실에서의 직장이나 명예, 재물, 원만한 인간관계를 의미한다고 볼 수 있다. 사람들은 모두 변화해야 한다고 말하지만 자신의 낡은 치즈를 버리고 새 치즈를 찾아 떠나는 이들은 찾기 힘들다.

세상은 늘 변해왔다. 이러한 변화는 모든 사람들에게 불안과 두려움의 요소로 작용해 왔다. 그 두려움에 맞서는 자에게는 새로운 치즈가 주어진다. 하지만 그 두려움을 이겨내지 못하는 사람은 새로운 치즈는커녕 자기가 갖고 있던 낡은 치즈마저 잃고 만다. 결국 그에게는 아무 것도 남지 않게 되는 것이다. 시대에 뒤쳐질 뿐이다.

변화는 누구 한 사람이 원하지 않는다고 해서 오지 않는 것이 아니다. 이러한 현실 속에서 낡은 치즈만을 고집하는 것은 어리석은 짓이다. 변화를 능동적으로 받아들여 나간다면 현재까지 풀리지 않던 문제들이 하나하나 풀리게 됨을 발견하게 될 것이다.

'나'를 바꾸는 짧고도 재미있는 이야기를 들은 동창생들처럼 이제는 모두 낡은 치즈를 버리고 새 치즈를 찾아 나서야 하지 않을까 생각해 본다.

'나는 과연 스니프와 스커리, 헴과 허 중에서 어떤 유형의 인간에 속할까?'

이 우화는 변화를 보는 나의 시각을 바꾸어 놓았다. 이제와는 전혀 다른 시각으로 모든 일을 바라보고 탄력적으로 처리할 수 있는 방법을 생각하게 되었다. 더불어 일상생활에서 느끼던 나태함은 사라지고 변화의 소용돌이에 내 자신을 맡기고 나는 오늘도 새로운 치즈를 찾기 위해 미로 속으로 달려간다. (2002)

해설

낙엽의 시간

김양희(한양대학교 에리카캠퍼스 창의융합교육원 교수)

1.

시골에 가면 마을 어귀마다 서 있는 고목이나 느티나무처럼 나를 보는 사람들이 편안함을 느낄 수 있는, 기대고 싶은 마음이 드는 편안한 사람으로 나이 들고 싶다.-「내 나이가 어때서」중에서 피천득 선생에 따르면, 수필은 청춘의 글이 아니라 중년을 넘어선 사람의 글이다(「수필」, 피천득). 수필 속에는 인생의 향취와 여운이 숨어 있기 때문이다. 이러한 이유로 금아 선생은 수필을 비둘기 빛이거나 진주 빛과 같은 온아우미(溫雅優美)한 색에 빗대어 설명하기도 하였다.

어쩌면 청춘은 기쁨과 슬픔과 사랑과 고통이 주는 가장 강렬한 느낌을 채도 높은 물감으로 묘사할 수 있을지도 모른다. 그러나 우리가 정작 오래도록 살아내야 할 시간은 초록의 시간이 아니라 "초록이 지쳐 단풍 드는"(서정주, 「푸르른 날」) 시간일 것이다. 우리는 대체로 기쁨과 슬픔과 고통의 색색가지 맛을 그것이 발생한 최초의 시간보다 한발 뒤늦게 알게 되며, 그것에 대해 '씀'으로써 그 감정들의 미묘한 차이들을 감지하게 된다. 금아 선생이 수필을 중년의 문학으로 규정한 것은 아마도, 뜨겁게 솟아오르는 열정의 한복판보다는 열정이 스러진 자리를 더욱 소중하게 여기기 때문이 아니었을까 싶다.

김명숙의 수필도 예외는 아니다. 그의 수필들은 자신의 인생살이에서 빚어낸 풍경들을 담담한 어조로 풀어내고 있다. 수필은 '일정한 형식을 따르지 않고 인생이나 자연 또는 일상생활에서의 느낌이나 체험을 생각나는 대로 쓴 산문 형식의 글'이라는 사전적 의미를 지니지만 그러한 일반론은 특정 개인의 글쓰기에 대한 욕망을 해명해내지는 못한다. 그래서 나는 다시 묻는다. "당신은 왜 수필을 쓰나요?" 그는 작품에서 다음과 같이 답하고 있다.

살다보면 어느 순간 세상에 혼자만이라는 생각이 들 때가 있습니다. 모든 사람들이 행복한데 나만 혼자 슬프고 외롭다는 느낌, 그럴 때 누군가 말을 걸어준다면 그 슬픔과 외로움을 사라질 것입니다. 제가 그랬으니까요. 누군가 나를 생각해주고 관심을 가져준다는 것이 얼마나 큰 힘이 되었는지 모릅니다.-「손 편지를 쓰며」

위 글에 의거하자면, 김명숙의 글쓰기는 존재가 느끼는 고독과 슬픔에서 비롯된다. 슬프기 때문에 '나'는 글을 쓰고, 슬프고 고독한 존재인 '나'가 타자인 '너'의 고독과 슬픔을 알기에 너를 향해 글을 쓰는 것이다. 그렇듯 수필가로서 그의 눈은 타인의 슬픔을 발견하는 데 민감하다. 그는 '슬픔과 고독의 공동체'의 일원인 '나와 타인'을 위무하기 위해 글을 쓰기 시작한 것이 아닐까?

이 글은 독자들을 그의 수필이 내는 길로 안내하기 위해 쓰였다. 내가 가늠하기에 이 책에 상재한 수필은 세 갈래 길로 나뉜다. 첫째로 그의 인생사와 관련된 작품들이며, 둘째로 책에 대한 에세이나 시사, 사회, 풍속 등을 촌평하는 칼럼의 성격을 지닌 작품들, 셋째로는 그의 취미-산행, 음주-에 관련된 작품들이 그것이다.

2.

수필은 고백의 장르이다. 소설은 자전적 이야기를 토대로 할 때조차 '서사형식'이라는 간접화의 방식을 동원하여 '가공화'할 수 있지만 수필은 그렇지 않다. 수필은 글쓴이의 삶을 민낯 그대로 드러내는 방식으로 자신의 장르성을 입증한다. "셰익스피어는 햄릿도 되고 폴로니아스 노릇도 한다. 그러나 수필가 램은 언제나 찰스 램이면 되는 것이다."(「수필」, 피천득)라는 말은 곧 수필의 이러한 장르적 특성을 의미한다. 이렇듯 수필이 '고백'의 형식을 지니고 있다는 점 때문에 우리는 수필쓰기를 쉽게 생각한다. 그러나 각자 인생에 드리운 부게가 만만치 않듯이 수필 역시 막상 쓰려고 하면 쓰기가 만만치 않음을 알게 된다. 실상, "수필가 램은 언제나 찰스 램이면 된다"는 것은 얼마나 어려운가. 찰스 램을 찰스 램답게 만드는 것은 그의 사적인 경험에 있지 않다. 찰스 램은 불행한 가족사를 인간에 대한 통찰과 성숙한 시선으로 승화시켜 글을 썼다. 사람들이 오랫동안 그의 글을 사랑하는 이유는 아픔의 시간을 견딘 다음 지나온 삶을 되짚어가며 삶을 긍정적으로 성찰하는 모습에서 감동을 느끼기 때문일 것이다. 이렇듯 수필은 자신의 삶을 응시하면서 자신을 부지런히 살펴볼 때 완성된다. 삶의 성찰과 필연적으로 관련되어 있는 것이다.

김명숙의 수필에서 독자들은 그가 살아온 삶의 일면들을 마주하게 된다. 아버지의 술심부름을 하다 막걸리를 배우게 된 유년시절(「술에 대한 생각」)과, 지상의 방 한 칸을 소망하던 젊은 시절(「지상의 방 한 칸」)을 거쳐, 꿋꿋이 자신의 길을 간 자랑스러운 아들의 엄마(「Focus 엄효섭」)가 된 삶의 이력이 고스란히 작품 속에 녹아 있다.

지나온 생을 고백한다는 것은 어떤 의미일까? 그것은 인생 굽이굽이를 풀어내는 것에서 그치지 않는다. 작가는 자신의 삶을 반추하면서 현재의 삶을 더욱 풍요로운 것으로 만드는 지점을 발견하고 있다. 가까이서 보면 비극임에 틀림없는 사건들이 인간다운 삶을 가능케 하는 디딤돌로 자리매김하고 있는 것이다. 가령, 「어땠을까」에서 작가는 라디오에서 흘러나오는 노래에서 오래전 스스로 생을 마감한 동생을 떠올린다.

처음 듣는 노래의 가사가 19년 전 스스로 삶을 포기한 동생을 생각하게 했다. (중략) 장례식에서도 눈물이 나지 않았는데 19년이 지난 지금 너무 미안했다. 스스로 삶을 포기할 결정을 내렸을 때 얼마나 외로웠을까 하는 생각과 함께.

살아가면서 지나가버린 시간, 때론 놓쳐버린 기회에 대해 후회를 한다. 내가 그때 그러지 않았더라면 어땠을까 하며.
–「어땠을까」 중에서

작가는 인간다움의 조건을 '반성'하는 능력에 두고 있다. "오늘이 지나고 난 또 어제된 오늘을 후회하고 '내가 그때 그러지 않았으면 어땠을까'라고 반성할지도 모른다. 최선을 다하겠지만 그렇다고 내가 후회하지 않다는 확신을 서지 않는다."라고 말하고 있지 않은가. 일찍이 김광섭은 「수필 문학 소고(小考)」에서 "수필은 진실한 태도에서 인생을 관조하는 것이며, 인간미를 보여 줄 흥미나 부질(賦質)을 갖고 있는 사람만이 수필을 쓸 수 있다"고 말한 바, 김명숙 수필의 부질(賦質)은 눈물이나 슬픔 등 정서의 세세한 기록보다는 확고

한 자기철학을 바탕으로 사회현상이나 인생사를 담담하게 펼쳐내는 것에 있다고 하겠다.

3.

내가 아는 김명숙 수필가는 부끄러움이 많은 사람이다. 늘 열심히 글을 쓰면서도 합평을 할 때면 마치 호주머니에 넣어둔 소중한 은전이나 반짝이는 열쇠를 내밀 듯, 혹은 오래 아껴둔 작은 조약돌을 꺼내듯이, 글을 꺼낸다. 그리고 마치 그런 것들을 소중히 여기는 것 자체가 아주 부끄럽다는 표정을 짓곤 한다. 또한 내가 본 그녀는 술보다는 차를 사랑하는 소녀 같은 사람이다. 실제의 그녀는 말이 없다거나 조용한 사람은 아니었지만 이상하게도 내 머릿속에 그녀는 잘 개켜둔 흰 수건처럼 정갈하고 정돈된 인상으로 남아 있었다. "볕이 좋은 날 난 자꾸 빨래가 하고 싶다, 깨끗하게 세탁된 빨래처럼 내 자신을 말갛게 빨아 따가운 햇살에 말리고 싶다."(「빨래하고 싶은 날」)라고 썼듯이 말이다. 그런 그녀가 가장 좋아하는 일 중 하나가 산행이라는 말을 처음 들었을 때는 조금 놀랐었다. 그러나 그때의 놀람은 등산을 좋아하는 이유 중 하나가 산 정상에 올라 술을 마시는 무한한 기쁨에 있다는 얘기를 들었을 때만큼은 아니었다.

이번 작품집을 읽으면서 나는 산행을 테마로 쓴 작품에 특히 주목하였다. 「산을 오르며」, 「산행일기」등을 보면 김명숙이 지닌 삶에 대한 태도가 어디에서 연유하고 있는지를 알게 된다. 그에게 산은 "나를 다스리고, 산에서 세상사를 배울 수 있어서 좋"(「산행일기2-이름처럼 예쁜 가평 '연인산'」)은 곳이다. 산은 그에게 "자신의 자리에서 자리를 지키는 것이 열심히 사는 것임을, 말없이 자신을 송두리째 보여주며 가르치"며, "이별하는 순간까지 땅에 떨어져 다시 나무에게 자신을 던지는 낙엽처럼 현재의 삶에 최선을 다하는 나무의 삶”(「산행일기4-11월의 관악산」)을 보여주는 존재이다.

봄이 시작되는 숲은 나무들의 술렁거림으로 온통 초록빛. 눈에 보이는 곳마다 꽃망울 터져 눈부신 4월이다. T.S.엘리어트가 4월을 잔인한 달이라고 노래한 뜻은 아마 자연의 아름다움에 따른 인간들의 상반된 상실감이 아닐까 생각해본다.
-「산행일기 1-삼성산을 다녀와서」 중에서

길이 없을 것 같은 산도 오르면 수많은 길이 있어 나를 안내하듯 풀리지 않은 일들도 산을 오르며 생각할 수 있어 좋다. 많은 생명을 품고도 자랑하지 않는 겸손함이, 우리에게 모든 것을 내어주는 너그러움이 좋다. 계절에 순응하며 한겨울 나목으로도 부끄러움 없이 당당한 산의 자태, 한라산을 오르는 동안 힘들다고 이름표를 달고 있는 나무들 이름 불러

주지 못한 것이 미안하다. 우리를 기다리며 늘 그 자리에 있는 산, 나도 누군가를 위해 기다릴 줄 아는 사람이 되고 싶다.
-「산행일기 3-한라산 백록담」 중에서

위의 산행일기에서 잘 드러나듯이, 그는 무의미하게 흘러가는 일상 속에서 아름다움을 상실한 인간들과 대비되는 공간으로 자연(산)을 상정한다. 그리고 산행에서 만나는 작고, 힘없고, 이름 없는 존재들을 글 안으로 불러낸다. 그가 이름 모를 들꽃이나 작은 나무들을 사랑하는 것은 바로 스스로를 포함한- 하찮게 보이는 인간존재에 대한 무한한 연민과 사랑에 다름 아니다. 그는 쓴다. "누구하나 관심 가져 주지 않아도 계절마다 변하는 숲의 모든 생명체들은 그 진리를 답변이라도 하듯 자신의 모습을 보여주고 있다."고, "우리가 그들을 홀대해도, 관심을 가져주지 않아도 투정하지 않는다.

자신이 자리를 지키고 있을 뿐'이라고. 그러니까, '이름 없는 꽃, 이름 없는 나무, 세상에 자신의 이름이 없는 생명체가 어디 있을까?'(이상 「산행일기4-11월의 관악산」). 그의 수필은 평범한 사람들이 애면글면 견디는 삶들도 나름대로 아름답고 의미 있는 것이라는 사실을 독자들에게 다시금 깨닫게 해준다.